JAN WEILER

DAS MARCIPANE KOCHBUCH

REZEPTE

CORBINIAN KOHN

DIE VINOTECA MARCIPANE HAT EIN GROSSES FENSTER. MAN KANN VON DRINNEN AUSGEZEICHNET DEN DORFPLATZ BEOBACHTEN UND VOM DORFPLATZ AUS SEHR GUT DAS TREIBEN IN UNSEREM LOKAL. WIR MÖCHTEN NICHT VERMESSEN KLINGEN, ABER MEISTENS IST DRINNEN MEHR LOS ALS DRAUSSEN.

VORWORT

— Willkommen in unserem literarischen Kochbuch. Klingt gut, nicht wahr? Literarisches Kochbuch. Was daran literarisch ist, werden Sie sofort verstehen, wenn Sie ein wenig hineinblättern. Es wechseln sich nämlich Rezepte und Kurzgeschichten ab. Wer gerne kocht, hat also etwas von diesem Buch; wer lieber liest, hat ebenfalls etwas davon, und wer beim Lesen gerne kocht oder umgekehrt, hat sogar doppelt etwas davon. Solcherlei Bücher gibt es nicht allzu oft. Unseres ist entstanden, weil wir gemeinsam als Koch und Schriftsteller ein kleines Restaurant betreiben. Alle Rezepte und Geschichten aus diesem Buch haben dort ihren Ursprung. Alles spielt in unserem kleinen Laden, den wir sehr lieben. Daher nun ein paar Worte zur „Vinoteca Marcipane".

Seit knapp zwei Jahren führen wir gemeinsam mit Corbinian Kohns Vater Christian in Münsing am Starnberger See diese „Vinoteca Marcipane", welche wir nach der kulinarisch klingenden Hauptfigur meines ersten Romanes benannt haben (dazu mehr auf Seite 206). Bevor wir in dem Haus am Dorfplatz unser Lokal eröffneten, beherbergte es ein Fahrradgeschäft mit Werkstatt. Und davor einen kleinen Supermarkt. Und dann kamen wir mit unserer Weinhandlung plus Küche und Lokal.
Der vielfach von Gästen (und dem zuständigen Finanzamt) geäußerten Vermutung, die Vinoteca Marcipane sei doch ganz bestimmt eine Goldgrube, müssen wir leider widersprechen. Steinreich sind wir in den ersten zwei Jahren damit nicht geworden, und das hat einen ganz simplen Grund: Qualität kostet Geld. Das meiste, was wir einnehmen, geht wieder für die frischen Produkte drauf, die wir verwenden. Und für die Weine, die wir anbieten. Reich wird man eher mit Schnellrestaurants in Möbelhäusern. Dazu hatten wir aber keine Lust, zumal es in Münsing kein Möbelhaus gibt.
Und warum machen wir, was wir machen, wenn man damit nicht reich wird? Ganz einfach: Weil gute Küche und Spitzenweine eine Herausforderung darstellen. Weil wir es mögen, wenn der Laden voll ist. Weil wir gerne Gäste haben. Weil wir eine Alternative zum dorfgastronomischen Mainstream anbieten möchten. Weil es Spaß macht. Und das ist beim Kochen wie beim Schreiben auch die Hauptsache.

Wenn Sie sich mit diesem Kochbuch beschäftigen, sich die Rezepte durchsehen und beschließen, das eine oder andere auszuprobieren, dann sehen wir das als Kompliment an und freuen uns. Lassen Sie uns daher noch ein paar Dinge zum Kochen und zu den Produkten sagen, die wir in der Küche verarbeiten.

Fangen wir bei den Produkten an: Das einzige Kriterium, auf das wir hier Wert legen, ist Qualität. So sollte das immer sein, auch wenn man zu Hause kocht. Nehmen Sie sich Zeit fürs Einkaufen und die Zutaten in die Hand. Riechen Sie daran, fühlen Sie sie. Wozu das gut ist? Gegenfrage: Wollen Sie etwas, das Sie schon ungern anfassen, später in den Mund nehmen? Eben.

JAN WEILER KOCHT NICHT, BEDIENT NICHT
UND VERKAUFT AUCH KEINEN WEIN. ER SITZT BLOSS
STUMM IN SEINER ECKE UND SCHREIBT.
ODER ER ISST. GUT, MANCHMAL SCHÄUMT ER MILCH
AUF ODER SCHÄLT KARTOFFELN, ABER ZU
MEHR IST ER AUS GASTRONOMISCHER SICHT
NICHT ZU GEBRAUCHEN.

PFANNEN SIND BEI UNS
SEHR WICHTIG, FAST ALLES LANDET
IRGENDWANN DARIN. DESHALB
BESITZT CORBINIAN KOHN EINE
ZIEMLICH IMPOSANTE AUSWAHL.

Und: Probieren Sie, wann und wo immer Sie können! Eine Tomate kann noch so schön und makellos aussehen, womöglich auch noch besonders günstig sein, aber sollte sie nicht wie eine Tomate schmecken, so ist sie einfach nichts wert. Das gilt dann leider auch für das daraus mühevoll zubereitete Abendessen.

Alle Zutaten in unseren Rezepten sind erhältlich, ohne dass man dafür eine halbe Weltreise unternehmen müsste. Wir bevorzugen regionale Erzeuger und, wenn es geht, Bioprodukte.

Kochen ist meistens auch Arbeit. Aber was für eine! Wir können uns keine vergnüglichere, keine befriedigendere, aber vor allem keine sinnlichere Arbeit als das Kochen vorstellen. Und gibt es einen schöneren Lohn als glückliche Gäste, die nicht nur ihren Hunger gestillt haben, sondern auch Geschmack in vielen Facetten erleben durften?

Die in diesem Buch vorgestellten Rezepte sind so gehalten, dass Sie sie ohne großes Vorwissen und ohne spezielle Ausrüstung leicht nachkochen können. Auch sprachlich legen wir Wert auf eine Ästhetik der Einfachheit. Sie werden bei uns kein Sößchen an einem Schäumchen auf einem wie auch immer gearteten Bett finden und auch nicht mit aufs Milligramm vorgeschriebenen Mengenangaben eingeschüchtert.

Da es sich bei uns um die ziemlich ungewöhnliche Kombination aus einem Koch und einem Autor handelt – also um einen Handwerker und einen Feingeist, wie Jan sagen würde, oder um einen Spezialisten und einen Wirrkopf, wie Corbinian sagen würde – erhalten Sie mit diesem Buch nicht nur wunderbar fotografierte Gerichte, sondern eben auch Texte, mit denen Sie sich die Garzeit verkürzen können, die sich beim Essen vor- oder auf der Couch im Stillen lesen lassen.

Egal also, wie Sie unser Buch verwenden, ob als Arbeitsanleitung, als Bettlektüre oder als Ersatz für einen abgebrochenen Sofafuß, wir wünschen Ihnen auf jeden Fall viel Freude und anregende Stunden mit dem „Marcipane-Kochbuch". Und würden uns natürlich freuen, Sie einmal bei uns in Münsing begrüßen zu dürfen. Vielleicht erleben Sie dann dort Ihre eigene Geschichte. Wir sind ganz einfach zu finden. Dorfplatz eben, also mittendrin.

Ihr Corbinian Kohn und
Ihr Jan Weiler

INHALT

KNABBEREIEN

(01) MISTER CASHEW UND DER KASCHUBAUM

— Ich sitze in meiner Ecke und warte auf den Salat. Stahlbad der Vitamine. Bitter-süße Versuchung der Flora. Diamant in der Kiesgrube der Vorspeisen. Ich mag Salat. In diesem hier sind Cashewnüsse. Auch lecker. Auf der ganzen Welt gibt es niemanden, der etwas gegen Cashewnüsse einzuwenden hätte. Die Cashewnuss ist die Angelina Jolie unter den Schalenfrüchten. Schon der Name. Klingt stark nach Abenteuerfilm, nach Piratenabenteuer.

„Mister Cashew, setzen Sie die Segel und dann hart steuerbord!"

„Jawohl, Captain!"

Da fällt mir ein, dass ich gerade von exotischen Abenteuern träume. Und das passt eigentlich gar nicht hierher. Wir machen ja regionale Küche. Exotik bei uns ist wie Weißwurst im Weltraum.

„Corbinian", rufe ich. Wir sind alleine, da darf ich rufen. Sind Gäste im Haus, rufe ich nie.

„Was willst du?", ruft er zurück. Würde er auch nicht machen, wenn sonst jemand da wäre.

„Woher kommen die Cashewnüsse?"

„Wie woher?"

„Kommen die von hier oder vom Ammersee?"

„Die kommen aus Brasilien oder aus Indien, Depp."

Ach so. Na gut. Ich weiß beklemmend wenig von der Cashewnuss. In meiner Vorstellung wächst sie geschält und gesalzen in kleinen Dosen an einem Busch.

„Corbinian."

„Was?" Ich halte ihn von der Arbeit ab.

„Wie wachsen Cashewnüsse?"

„Wie wie?"

„An Sträuchern, Bäumen, Blumen, Hecken?"

„Unterirdisch. Die Cashewnuss ist die Kartoffel des kleinen Mannes."

Der will mich wohl zum Besten halten.

„Das glaube ich dir nicht."

„Ich habe zu tun. Ich arbeite", knurrt er. Er kann erstaunlich gut knurren.

„Ach so."

Der Salat schmeckt ausgezeichnet, auch den anderen Gästen, die nun in ihrer Mittagspause eintrudeln. Später im Büro mache ich einen kleinen Faktencheck zum Thema Cashewnuss. Es kann ja wohl nicht sein, dass man praktisch alles über seine Lieblingsband weiß, aber nichts über seine Lieblingsnuss. Tatsache ist ja nun, dass ich noch Cashewnüsse knabbern werde, wenn ich schon lange aus Altersgründen keine Lieblingsband mehr habe.

Die Cashewnuss also, Königin der Schließfrüchte. Wobei hier schon die Missverständnisse anfangen, denn botanisch gesehen sind Cashewnüsse gar keine Nüsse, ganz im Gegensatz zu Erdbeeren. Die Erdbeere ist eine Sammelnussfrucht, weil sich auf ihrer roten Oberfläche viele kleine Nüsschen befinden. Eine komplizierte, aber amüsante Sache ist das, mit der man auf Partys wunderbar Wetten gewinnen kann: Erdbeere = Nuss, Cashew = keine Nuss. So. Weiter. (weiter auf Seite 22)

ZUTATEN FÜR 4 PERSONEN
Je 1 Handvoll Feldsalat, Radicchio
und Rucola
6–8 Cocktail-Strauchtomaten
2 EL schwarze Oliven, entsteint
1 reife Avocado
3 EL Cashewkerne oder Cashewbruch
1 EL Butter

SALATSAUCE
5 EL Olivenöl
2 EL Lemon Aceto Balsamico
1 TL mittelscharfer Senf
2 TL Naturjoghurt
1 Prise Salz
1 Prise schwarzer Pfeffer, grob gemahlen

TIPP
Sollten Sie den Salat nicht sofort servieren, legen Sie den Avocadokern zu den ausgestochenen Avocadokügelchen. Das verzögert das Braunwerden!

ZUBEREITUNGSZEIT
15 Minuten

KNABBEREI
GEMISCHTER SALAT MIT TOMATEN, OLIVEN, AVOCADO UND CASHEWS

ZUBEREITUNG
Salat waschen und trocken schleudern, denn nur dann geht er eine schöne Verbindung mit der Salatsauce ein und verwässert sie nicht. Tomaten waschen und vierteln und zusammen mit den Oliven zum Salat geben. Avocado halbieren und mit einem Kugelausstecher oder einem kleinen Löffel kleine Kügelchen ausstechen und darüber verteilen.
Die Cashewkerne in einer beschichteten Pfanne bei mittlerer Hitze in der Butter anrösten. Sie können das auch ohne Butter machen, aber mit werden sie gleichmäßiger braun.
Olivenöl, Lemon-Balsamico, Senf und Joghurt in einem Becher miteinander verrühren, sodass eine Emulsion entsteht. Mit einer Prise Salz und Pfeffer abschmecken. Die Sauce mit dem Salat mischen und auf vier Tellern anrichten.

Man kann auch Kaschu sagen, so heißen die Dinger im Deutschen. Macht aber niemand. Der Kaschukern wächst am Kaschubaum. Der Name dieses Baumes leitet sich von dem Wort „Acaju" ab, so nennen die Indianer ihn, und es bedeutet in etwa „Nierenbaum", was wiederum mit der Form der Frucht zu tun haben mag. Die Portugiesen haben daraus „Caju" gemacht und die Engländer „Cashew".

Bevor man die Nuss essen kann, muss man sie rösten und unter Wasserdampf die Schale entfernen, denn diese enthält ein giftiges Öl, welches die Schleimhaut schwer verätzt. Glaubt man gar nicht, wozu diese niedliche Nuss fähig ist. Man glaubt es doppelt nicht, denn die Kaschunuss macht buchstäblich glücklich, weil sie mehr Tryptophan enthält als jedes andere Lebensmittel der Welt. Tryptophan ist wichtig für die Bildung von Serotonin im Körper, und damit kann man Depressionen behandeln.

Noch eindrucksvoller als die Cashewnuss ist nur der Cashewbaum. Er wächst nämlich nicht in die Höhe, sondern in die Breite, genau wie ich. Wenn seine Äste zu lang werden, neigen sie sich gen Boden und wachsen hinein, als wollten sie nachsehen, ob die Wurzeln noch da sind. Daraufhin bilden sich neue Wurzeln, und ein neuer Stamm und neue Äste entstehen, und so geht es immer weiter. Für Laien sieht das so aus, als stünde ein ganzer Wald von Kaschubäumen herum, dabei ist es nur ein einziger mit Dutzenden von Stämmen.

Am Strand von Pirangi do Norte in der brasilianischen Gemeinde Parnamirim wächst seit über hundert Jahren ein Cashewbaum vor sich hin, der inzwischen eine Fläche von über 8.500 Quadratmetern bedeckt und einen Radius von 50 Metern besitzt. Von diesem größten Kaschubaum der Welt werden jedes Jahr 2,5 Tonnen Kerne geerntet oder: 25.000 Dosen à 100 Gramm.

Das ist natürlich großartig. Wenn das mit dem Klimawandel so weitergeht, werde ich das halbe Tölzer Land damit bepflanzen, nein unterwandern. Und schon in hundert Jahren bin ich reich.

Am nächsten Tag erzähle ich Corbinian vom Cashewbaum. Er hört mir geduldig zu, während er Gemüse schneidet.

„Wusstest du, dass Erdbeeren Nüsse sind?", frage ich ihn.

„Hm."

„Hast du's gewusst oder nicht?"

„Du kannst mal zwei Kilo Karotten schälen."

Gut, schäle ich eben.

DAS HAUS, IN DEM WIR DIE
VINOTECA MARCIPANE BETREIBEN,
WURDE IN DEN FÜNFZIGER
JAHREN GEBAUT. ES BILDET EINEN
CHARMANTEN KONTRAST ZU
DER OBERBAYERISCHEN HEIMELIG-
KEIT DES RESTLICHEN DORFES.
FINDEN WIR JEDENFALLS.

ZUTATEN FÜR 4 PERSONEN

4 Scheiben italienisches Weißbrot,
          dünn geschnitten
1|2   Knoblauchzehe
2 EL   Pinienkerne
1   weißer Pfirsich, entsteint und in
          mittelgroße Stücke geschnitten
2 EL   Alice (sauer in Öl eingelegte Sardellen)
2 Handvoll Rucola, gewaschen, geschleudert
          und von den groben Stielen befreit
2 EL   Olivenöl
1 EL   Lemon Aceto Balsamico
1 Prise Meersalz
1 Prise schwarzer Pfeffer, grob gemahlen

ZUBEREITUNGSZEIT
20 Minuten

KNABBEREI

CROSTINI MIT PFIRSICH, ALICE, PINIENKERNEN UND RUCOLA

VORBEMERKUNG
Durch und durch ein Sommeressen, denn
nur zu dieser Zeit bekommen Sie wirklich reife,
saftige Pfirsiche. Für dieses Gericht verwende
ich den weißen Pfirsich, weil er im Geschmack
noch etwas intensiver ist. Zur Not können
Sie aber auch einen reifen normalen Pfirsich
verwenden.

ZUBEREITUNG
Weißbrot in einer beschichteten Pfanne bei
mittlerer Temperatur von beiden Seiten rösten
und anschließend mit der Schnittfläche der
Knoblauchzehe jeweils eine Seite der Brotscheiben abreiben.
Die Pinienkerne in einer beschichteten Pfanne
bei mittlerer Hitze unter häufigem Wenden vorsichtig anrösten. Die restlichen Zutaten miteinander vermengen, salzen, pfeffern und auf den
Crostini verteilen.
Am Schluss mit den gerösteten Pinienkernen
überstreuen.

(02)
SCHICKE
RAUKE

ZUGEGEBEN: WIR SIND NICHT SEHR MODERN,
DENN WIR KAUFEN NUR EIN, WAS WIR WIRKLICH
MÖGEN, UND SEHEN DIE DINGE GERNE AN,
MIT DENEN WIR UMGEHEN. MAN KANN DAS AUCH
„BÜGELFLASCHENPHILOSOPHIE" NENNEN. UND
VIELLEICHT IST DIE MODERNER, ALS ES SCHEINT.

— „Der Crostino ist die Fliegenpilztomate der Nullerjahre", sage ich und handle mir mit diesem mäßig böllernden Wortkracher einen Schnalzer von Corbinians Handtuch ein. Manchmal ärgere ich ihn, um zu sehen, ob er noch lebt, denn er ist oft sehr in seine Rezepte vertieft, etwa so wie der Sudoku-Spieler, der mir kürzlich im Zug gegenübersaß. Er war ein älterer Herr und derart konzentriert in das einhändig gehaltene Rätselheftchen vertieft, dass er sich über eine halbe Stunde praktisch gar nicht bewegte. Ich machte mir schon Sorgen und Gedanken über Totenstarre und wer ihm dann das Heftchen aus der kalten Hand nähme: ein Notarzt, der Einbalsamierer oder seine Witwe.

Dann hielt der Zug in Plochingen, einem Ort, an dem ich immer nur Passagiere aus-, jedoch niemals welche einsteigen sehe, was mir nachgerade komisch vorkommt. Jedenfalls hielt der Zug, der Mann sah erst aus dem Fenster, schließlich in meine Richtung und sagte: „Ach so", griff seinen Koffer und hastete aus dem Abteil. Das Heftchen ließ er liegen.

Als der Zug wieder anfuhr, nahm ich es zur Hand und stellte fest, dass der Herr nicht ein einziges Feld ausgefüllt hatte. Entweder besaß er keinen Stift und hatte das Zahlenrätsel im Kopf gelöst, oder er war ein Blender, oder er schlief mit offenen Augen.

Corbinian starrt auf sein Crostino-Rezept.

„Hallo", sage ich. Keine Antwort. „Was ist los mit dir?", frage ich ihn.

„Es kommt Rauke mit rein", sagt er.

„Was soll das denn sein?", frage ich ihn. Rauke.

„Rauke ist Rucola."

„Dann sag das doch gleich, dann weiß jeder, was gemeint ist."

Er sagt, darüber habe er die ganze Zeit nachgedacht. Wenn man ein Kochbuch schreibe, müsse man sehr genau sein. Er frage sich, ob er sehr genau sei, wenn er das korrekte deutsche Wort benutze, oder das inzwischen allgemein gebräuchliche italienische Lehnwort. Er wisse nicht, was genauer sei.

Das ist eine Überlegung wert, aber sie führt ins Nichts, denn häufig verselbstständigen sich diese Begriffe irgendwann, und es weiß niemand mehr, dass es sich eigentlich um eingewanderte Bezeichnungen handelt. So ist es mit der Salami, das Wort kommt auch aus Italien, und kein Mensch sagt heute noch Dauerwurst. Zum Glück.

„Wir werfen eine Münze", schlage ich vor.

Und so kommt es, dass die Rauke in diesem Buch Rucola heißt.

(03)
DER STARKE WIGGERL

— Manchmal kommt nachmittags der Wiggerl rein, ein faltiges bayerisches Zwetschgenmanschgerl. Er hat nicht bemerkt, dass unser kleiner Laden eine Vinoteca ist, oder es ist ihm egal, auf jeden Fall bestellt er ein Weißbier, das wir nicht führen, ja, so etwas gibt es auch. Sogar in Bayern. Wir haben zwar Flaschenbier, sehr gutes sogar, aber eben kein Weißbier. Also bekommt er das andere und fängt an zu reden. Er spricht eine erstaunliche Sprache, eine kehlige Mischung aus Bayerisch und irgendwas anderem, das fast nur aus Vokalen besteht, die unterschiedlich gedehnt und moduliert werden und auf diese Weise vollkommen unterschiedliche Bedeutungen erlangen.

Ich habe so etwas nur zu Beginn meiner Zeit in Bayern schon einmal gehört, nämlich in dem Supermarkt, in dem ich damals vor sechzehn Jahren regelmäßig einkaufen ging. Da fuhr mich der Kassierer nach jedem Bezahlen barsch an: „Woinsatünhom?" Ich habe Monate gebraucht, bis ich begriff, dass er eigentlich ganz freundlich war und sogar hilfsbereit, indem er mich fragte, ob ich eine Einkaufstüte benötige.

Wiggerl ist vermutlich auch freundlich, ich weiß es nicht. In erster Linie ist er laut. Dafür hält sich sein Appetit in Grenzen. Er isst nie etwas mit Ausnahme von Sonnenblumenkernen. Die liebt er, und er isst sie einzeln, was merkwürdig aussieht, da er sie mit seinen zerfurchten Fingern sehr sorgfältig liest, verteilt, hin und her schiebt, um dann einen auszuwählen und in seinen bartumrahmten Schlund zu werfen. Er hat bei uns bisher mehrere Kilo Sonnenblumenkerne verdrückt, die wir niemals in Rechnung gestellt haben.

Dieses Sonnenblumenkerngepicke beschäftigte mich nicht besonders, bis ich neulich die Geschichte vom starken Wanja mal wieder hörte. Sie handelt von einem stinkfaulen Sohn, der Wanja heißt und nichts anderes macht, als zu Hause auf dem Ofen zu liegen und Sonnenblumenkerne zu knabbern. Sieben Säcke in sieben Jahren. Davon wird er bärenstark und verlässt seine Heimat. Und weiter weiß ich nicht, weil ich die Geschichte im Autoradio hörte und nicht länger als nötig in Heilbronn vor dem Hotel stehen wollte. Ist auch egal, aber vielleicht ist Wiggerl so etwas wie der starke Wanja. Er wird noch fünfeinhalb Jahre lang nachmittags im Geschäft stehen und Sonnenblumenkernchen knuspern und Bier zischen, und dann ist er ganz ungeheuerlich stark und zieht los in die Fremde. Wenn wir Glück haben, kommt er reich zurück. Und zahlt endlich sein Bier.

ZUBEREITUNG

1 EL Butter und den Honig in einem kleinen Pfännchen oder einem kleinen Topf langsam schmelzen lassen.

Entenbrustfilets von beiden Seiten salzen und pfeffern und in einer beschichteten Pfanne von beiden Seiten in einer Mischung aus 1 EL Olivenöl und 1 EL Butter bei großer Hitze scharf, aber kurz anbraten. Vom Herd nehmen, beide Hautseiten mit der Honig-Buttermischung einpinseln und mit der Hautseite nach oben in den auf 180°C (Umluft) vorgeheizten Backofen schieben. Nach etwa 5 Minuten den Garzustand prüfen (siehe unten), aus dem Ofen nehmen und zum Nachziehen warm stellen.

Während das Fleisch im Ofen gart, den Salat waschen und trocken schleudern, denn er soll die Salatsauce nicht verwässern.

Die Sonnenblumenkerne in einer beschichteten Pfanne bei mittlerer Hitze in 1 EL Butter anrösten. Sie können das auch ohne Butter machen, aber mit der Butter werden sie gleichmäßiger braun. Jetzt die Toastscheiben in kleine Würfel schneiden und in einer beschichteten Pfanne bei mittlerer Temperatur anrösten. Sobald sie etwas Farbe angenommen haben, 2 EL Butter und Thymian zugeben und gleichmäßig braun werden lassen. Anschließend auf einem Küchenkrepp verteilen, um sie zu entfetten. Thymian entfernen.

Olivenöl, Kürbiskernöl, Balsamico und Senf in einem Becher kräftig miteinander verrühren. Mit Salz und Pfeffer abschmecken.

Den Salat mit der Sauce mischen und auf 4 Tellern verteilen. Die Orange schälen, filetieren und zum Salat geben. Die Entenbrüste in Scheiben schneiden und darauf anrichten, zum Schluss mit Sonnenblumenkernen und Brotwürfeln bestreuen.

ZUTATEN FÜR 4 PERSONEN
1 EL   Honig
5 EL   Butter
2   Entenbrustfilets mit Haut
3—4 Handvoll Feldsalat
2 EL   Sonnenblumenkerne
2 Scheiben Toastbrot, entrindet
2 Zweige Thymian
1   Orange

FÜR DIE SALATSAUCE
4 EL   Olivenöl
2 EL   Kürbiskernöl
2 EL   Aceto Balsamico dunkel
1 TL   mittelscharfer Senf
Meersalz
schwarzer Pfeffer aus der Mühle

ZUBEREITUNGSZEIT
25 Minuten

KNABBEREI

FELDSALAT MIT GEBRATENER ENTENBRUST, SONNENBLUMENKERNEN, THYMIANCROUTONS UND ORANGE

TIPP
Den Garzustand von Filets können Sie erfühlen, indem Sie mit dem Zeige- oder Mittelfinger auf das Fleischstück drücken. Dabei gilt folgende Faustregel: Fühlt es sich an wie Ihre Stirn, ist es durchgebraten, fühlt es sich an wie Ihre Nasenspitze, ist es medium, fühlt es sich an wie Ihre Lippen, ist es innen noch fast roh. Zugegeben: Etwas Übung ist hier sicherlich hilfreich, und eine Knollennase oder Angelina Jolies Lippen können nicht unbedingt als Referenzobjekte dienen. Aber es funktioniert!

WEINEMPFEHLUNG
Verdicchio mit Gewürznoten (z. B. Misco)

ZUTATEN FÜR 6 PERSONEN

1 kg	Krake, nach Grundrezept (siehe Seite 143) fertig zubereitet und noch warm
2 EL	Cashewkerne oder Cashewbruch
2 EL	Olivenöl
2 EL	Tomatenöl (von den eingelegten getrockneten Tomaten)
2 EL	Lemon Aceto Balsamico
1|2	roter Peperoncino, entkernt und fein gehackt
3 EL	getrocknete Tomaten, halbiert
2 Handvoll	Rucola, gewaschen, geschleudert und von den groben Stielen befreit
2 EL	Kapern
Meersalz	
1 größere Prise schwarzer Pfeffer, grob gemahlen	

ZUBEREITUNGSZEIT

10 Minuten (mit fertig gekochtem Kraken)

KNABBEREI

WARMER KRAKENSALAT MIT KAPERN, PEPERONCINI, GETROCKNETEN TOMATEN, RUCOLA UND CASHEWKERNEN

VORBEMERKUNG

Nehmen Sie unbedingt halb getrocknete, in Öl eingelegte Tomaten (Bezeichnung: getrocknete Tomaten). Sie schmecken deutlich aromatischer als die ganz getrockneten und dann in Öl eingelegten Tomaten.

ZUBEREITUNG

Den Kraken in mundgerechte Stücke schneiden, die Cashewkerne in einer beschichteten Pfanne kurz anrösten. Anschließend sämtliche Zutaten miteinander vermengen und auf Pastatellern anrichten.

(04)
DER SIEBEN-ARMIGE STARN-BERGER-SEE-KRAKE

— Nur Unwissende und Besserwissende behaupten, dass es sich bei dem in diesem Rezept genannten Kraken nicht um ein regionales Tier handele. Dabei darf man diese Tatsache sogar noch schärfer umranden und den Kraken ein lokales Tier nennen, denn es handelt sich um nichts Geringeres als den wenig bekannten Würmsee-Kraken, den wir die Freude haben regelmäßig von einem erfolgreich im Trüben fischenden Lieferanten vom Westufer zu beziehen.

Das sollte nach dem Willen der bayerischen Staatsregierung gar nicht passieren, und somit ist dieser Text nicht nur ein Bekenntnis, sondern gleich ein mittlerer Skandal, denn er macht öffentlich, was nur einigen wenigen Einheimischen sowie eben ein paar Beamten in München seit Jahrzehnten heimlich vertraut ist. So weit, so mysteriös.

Warum soll die Tatsache, dass im Starnberger See wohlschmeckende Kraken gründeln, am besten geheim bleiben? Weil die Offenlegung der ganzen Geschichte einen, wenn nicht den größten bayerischen Mythos überhaupt zerstören würde, nämlich den, der vom Tod des Königs Ludwig II. handelt. Nun ist es raus, dann kann auch gleich die ganze Geschichte her. Bitte schön:

DIE BACHSTRASSE IN MÜNSING IST UNSER ZUHAUSE. DIREKT NEBENAN VERLÄUFT AUCH TATSÄCHLICH EIN BACH, DER ZWAR HÜBSCH ANZUSEHEN IST, JEDOCH PRAKTISCH ÜBERHAUPT KEINE KRAKEN ENTHÄLT.

Als der Krake erstmals einem Fischer ins Netz ging, hieß das Gewässer noch Würmsee. Es ist verbürgt, dass dieser Fang sich am 6. Oktober 1885 ereignete und einigen Wirbel verursachte, nicht nur bei dem verdutzten Fischer und der damals noch medial unterversorgten Öffentlichkeit, sondern auch beim See. Dieser nämlich schäumte, als der Krake entnommen wurde. Eigentlich schäumte der Krakenvater, dem man soeben das Kind entführt hatte, und er schlug mit seinen acht Armen wild im Wasser hin und her, versank dann mit finsteren Gedanken auf den über hundert Meter tiefen Seegrund und entwickelte zunächst Rachegelüste und dann entsprechende Pläne, denen schon bald reihenweise Fischer und Ausflügler zum Opfer fielen. Das prominenteste Opfer war Ludwig II. und das zweitprominenteste hieß Bernhard von Gudden. Das war der Arzt und Aufpasser des Märchenkönigs. Gemeinsam unternahmen sie am Abend des 13. Juni 1886 einen gutgelaunten Spaziergang am Ufer des Würmsees und unterhielten sich über die damals schon unverschämten Immobilienpreise am Ort, als plötzlich ein Krakenarm aus dem Wasser schoss und sich um des Mediziners Bein schlang. Im Skandinavischen bedeutet das Wort Krake „entwurzelter Baum", und wie man sich im Wurzelwerk einer Eiche verheddern kann, so verfing sich der Arzt in dem Krakenarm. Er schrie und fluchte und versuchte, sich zu entwinden, doch es gelang ihm nicht. Schlimmer noch: Seine Gegenwehr führte zu immer stärkerer Kontraktion. Der König, zunächst amüsiert, dann aber ärgerlich über die Belästigung, zog sein Schwert und hieb den Arm des Krakens mit gelindem Schwung ab, worauf das Tier schmollend und siebenarmig im Wasser verschwand. Professor Gudden bedankte sich sehr, beklagte jedoch den Verlust seiner Brille, die ihm bei der kurzen Auseinandersetzung wohl ins seichte Wasser geplumpst war. Es dunkelte schon. Der hilfsbereite König zog Stiefel und Strümpfe aus, krempelte die Hosen hoch und watete mit dem Arzt über eine Stunde lang in Ufernähe, um die Brille zu suchen, die Gudden sich in Jena hatte anfertigen lassen und die sehr teuer gewesen war, sodass deren Verlust ihn über die Maßen schmerzte, wie er immer wieder versicherte. Und jedenfalls sind dann beide bei dem Versuch, die Sehhilfe zu finden, irgendwie und leider ertrunken. So war das.

Der Krake ließ sich nie wieder blicken, allerdings haben alle seine Nachkommen sieben Arme, das ist das Besondere an dieser Starnberger-See-Spezialität, die es nur in der Vinoteca Marcipane gibt und nirgendwo sonst auf der ganzen Welt.

(05)
GEDANKEN ÜBER PADRON

ZUTATEN FÜR 4 PERSONEN
12   Pimentos
2 EL   Olivenöl
2 EL   Butter
1 gute Prise Meersalz
schwarzer Pfeffer, grob gemahlen

ZUBEREITUNGSZEIT
15 Minuten

KNABBEREI
PIMENTOS GEGRILLT MIT MEERSALZ

VORBEMERKUNG
Pimentos sehen aus wie eine Kreuzung aus Chili und Paprika, sind grün und etwa 8 cm lang. Sie sind von einer sehr zurückhaltenden, angenehmen Schärfe und besitzen gleichzeitig die fast süßliche Frische der Paprika. Dies ist eine schnell hergestellte Vorspeise, wenn überraschend Besuch kommt.

ZUBEREITUNG
Pimentos waschen und gut trocknen. Butter und Olivenöl in einer beschichteten Pfanne heiß werden lassen, die Pimentos darin von allen Seiten scharf anbraten, auf einem Küchenkrepp entfetten und mit grobem Meersalz und grobem Pfeffer bestreuen.

— Diese kleinen Paprikaschoten werden gerne in Spanien verspeist, noch lieber in Galicien, und zwar in Padrón, deshalb heißen sie dort Pimientos de Padrón. Dies alleine wäre keine atemberaubende Nachricht, aber die Existenz der Schoten und ihre Popularität haben dazu geführt, dass man in Padrón ein Sprichwort pflegt, welches ich insofern atemberaubend finde, als es überhaupt keinen tieferen Erkenntnisgewinn vermittelt. Es lautet auf Galicisch: „Os pementos de Padrón, uns pican e outros non." Übersetzt bedeutet das: „Paprikas aus Padrón: Eine scharf, die andere nicht."

Irre. Das ist so, als würde man bei uns sagen: Autos aus Bayern. Eines fährt, das andere nicht. Als ich Corbinian diese Zeilen soeben zeigte, kommentierte er sie mit den Worten: „Texte von dir. Einer gut, der andere nicht." An ihm ist wirklich ein Redensartenerfinder verloren gegangen.

NATÜRLICH GEHT ES BEI UNS UM WEIN. UM ROTEN, SCHWEREN, ITALIENISCHEN, ALTEN, FRUCHTIGEN, ERDIGEN, LEICHTEN, KRAFTVOLLEN, WEISSEN, JUNGEN, SPANISCHEN, EDLEN, AUCH MAL BEERIGEN, MOUSSIERENDEN, TEUREN, ABER PREISWERTEN, WUCHTIGEN, DEUTSCHEN, TIEFEN, KÖRPERREICHEN, SEHR GUT ZU GEMÜSE PASSENDEN, KIRSCHFARBENEN, FEINEN, SPRITZIGEN, SAMTIGEN, KULTIVIERTEN, KALIFORNISCHEN, ZIMTIGEN, JUNGEN, FRANZÖSISCHEN, REIFEN, TRADITIONELLEN, TROCKENEN, ZARTEN, MINERALISCHEN, SELTENEN, ÖSTERREICHISCHEN, UNTERSCHÄTZTEN, ELEGANT BEGLEITENDEN, MIRABELLIGEN, ÜBERRASCHENDEN, GEHALTREICHEN, AUSGEWOGENEN, PORTU-GIESISCHEN, FRISCHEN, EHRLICHEN WEIN. KAUM ZU GLAUBEN, DASS SO VIELE ADJEKTIVE IN SO EINEN KLEINEN LADEN PASSEN.

41

(06)
DAS MOZZA-RELLA-THEOREM

— Corbinian macht Spinat mit Nektarine, Oliven und Mozzarella. Ich traue mich nicht, ihn zu fragen, wie er auf die Kombination von Nektarine und Spinat kommt, und sitze still in meiner Ecke. Es ist keineswegs so, dass ich mich vor ihm fürchte (ein bisschen vielleicht, aber nicht sehr und nicht immer), aber wenn er beschäftigt ist, will er keine dummen Fragen hören.

Hier die Top 3 der Fragen, die ihm auf die Nerven gehen. Auf Platz drei: „Na, was gibt's denn heute Schönes?" Die Antwort befindet sich gut lesbar auf der Tafel, und die Frage klingt in etwa so wie die der Ehefrau, die ins Badezimmer kommt und fragt: „Duschst du?" Auf Platz zwei: „Kann ich statt der Nudeln Reis bekommen und statt des Kalbfleischs einen Fisch, aber ohne Gräten und lieber keine Sauce dazu, sondern nur Butter, und bei dem Gemüse bitte keine Zucchini und keine Tomaten, sondern Brokkoli, wenn du hast, wenn nicht: Bitte gar nichts, außer Sellerie, Pastinake und ein paar kleinen Zwiebeln, aber die nicht, wenn sie nicht gedünstet sind, und lieber das Wasser ohne Kohlensäure bitte und den Fisch nicht auf der Haut gebraten, und kann ich dann noch etwas von dem Brot haben, bitte?"

Sonderwünsche sind immer eine schöne Herausforderung, machen Spaß und inspirieren, wenn sie in Maßen an den Koch herangetragen werden. Auf Platz eins schließlich: „Wie kriegst du das bloß hin, dass immer alles gleichzeitig fertig ist?" Was soll man darauf schon antworten außer: „Das ist eben mein Beruf"?

Also sitze ich in meiner Ecke und überlege mir eine wirklich gute Frage, nämlich: Warum ist der Mozzarella rund? Für mich gibt es dazu folgende Theorie: Es handelt sich hierbei um eine sture Laune der italienischen Erfinder des Mozzarellas, die sich in dieser Hinsicht benehmen wie Hühner. Die legen Eier, und die sind auch rund und damit ähnlich schwer zu lagern wie Mozzarella. Versuchen Sie mal, ein Huhn dazu zu bringen, ein stapelbares Ei zu legen. Geht nicht. Dasselbe gilt für kampanische Mozzarella-di-Bufala-Produzenten. Dabei wäre ein eckiger Mozzarella durchaus ein Fortschritt. Man könnte ihn ausgezeichnet schichten und in Blöcken liefern, anstatt in diesen komischen Beuteln, die einem beim Einkaufen wie Brustimplantate vorkommen. Jedenfalls fällt mir kein guter Grund ein, warum der Mozzarella rund sein muss, und ich gehe rüber zu Corbinian.

„Warum ist der Mozzarella rund?", frage ich ihn.

Er sieht mich nicht an und arbeitet weiter, aber ich spüre, dass er zumindest darüber nachdenkt. Schließlich legt er sein Messer beiseite, nimmt einen Büffelmozzarella aus der Schüssel mit der Salzlake und legt ihn auf meine Hand. Er sieht mich an und sagt:

„Ganz einfach: Wenn das hier eckig wäre, dann wäre es nur ein Lebensmittel. So ist es ein kleines Kunstwerk. Und darum geht es hier."

Ich trockne mir die Hände ab und gehe zurück an meinen Platz. Da hätte ich schon auch selber draufkommen können.

ZUTATEN FÜR 4 PERSONEN

4 Handvoll junger Spinat (Salatspinat)
2 EL   kleine schwarze italienische Oliven,
        entsteint
1   Büffelmozzarella
1   reife Nektarine

FÜR DIE SAUCE
5 EL   Olivenöl
2 EL   Lemon Aceto Balsamico
1 TL   Meerrettich aus dem Glas
2 TL   Naturjoghurt
1 Prise Salz
1 Prise schwarzer Pfeffer, grob gemahlen

ZUBEREITUNGSZEIT
10 Minuten

ZUBEREITUNG
Spinat von den groben Stielen (sofern vor-
handen) befreien, waschen und trocken
schleudern. Oliven zugeben. Büffelmozzarella in kleine Stücke schneiden oder von
Hand in kleine Stücke reißen und über dem
Salat verteilen. Die Nektarine entsteinen, vierteln und in dünne Scheiben schneiden. Olivenöl, Lemon-Balsamico, Meerrettich und
Joghurt in einem Becher kräftig miteinander
verrühren, sodass eine Emulsion entsteht. Mit
einer Prise Salz und Pfeffer abschmecken.
Salat auf vier Tellern anrichten und das
Dressing darüber verteilen.

KNABBEREI

SPINAT MIT NEKTARINE, OLIVEN UND MOZZARELLA

ZUTATEN FÜR 4 PERSONEN

4 Scheiben italienisches Weißbrot,
    dünn geschnitten
8 Scheiben (etwa fingerdick) von
    einer kleinen Ziegenweichkäserolle
2 EL   Trüffelhonig
4 kleine Zweige Thymian

WEINEMPFEHLUNG
sehr alter Riesling (z. B. Becker-Riesling 1988)

KNABBEREI

CROSTINI MIT GRATINIERTEM ZIEGENKÄSE UND TRÜFFELHONIG

VORBEMERKUNG
Trüffelhonig ist zweifellos eine Zutat, die nicht
jeder zu Hause hat. Sie bekommen ihn im
Fachgeschäft für italienische Spezialitäten
oder im Internet. Für dieses Rezept, das so
wunderbar simpel in der Herstellung ist, ist er
unverzichtbar.

ZUBEREITUNGSZEIT
15 Minuten

ZUBEREITUNG
Weißbrot in einer beschichteten Pfanne bei
mittlerer Temperatur von beiden Seiten rösten
und anschließend auf ein mit Backpapier
ausgelegtes Backblech legen. Das Brot mit dem
Ziegenkäse belegen und im Backofen unter
dem Grill etwa 5 Minuten gratinieren. Sobald
der Käse auf der Oberseite braun geworden
ist, herausnehmen, auf Teller anrichten und mit
dem Honig beträufeln. Mit Thymian garnieren.

(07)
HAUPTSACHE ESSEN

— Angeblich wurde das Sandwich erfunden, um dem gleichnamigen Earl of zu ermöglichen, gleichzeitig Karten zu spielen und zu essen. Man könnte natürlich dabei genauso gut Crostini zu sich nehmen. Mit gratiniertem Ziegenkäse. Und Trüffelhonig.

Während jedoch ein tamponöses Weißbrot mit allerhand ungesundem Krempel dazwischen geschmacklich kaum auffällt im Mahlstrom des Spiels und tatsächlich zur vollkommenen Nebensache wird, werten Crostini mit Ziegenkäse und Trüffelhonig den Abend derart auf, dass an Spiel bald überhaupt nicht mehr zu denken ist. Das Essen wird nach dem ersten Bissen zur Hauptsache, und so gehört es sich auch. Wir haben zumindest noch nie jemanden bei uns Karten spielen sehen. Und es hat sich in unserem Lokal auch noch nie ein Gast beim Essen wehgetan.

Das kann passieren, wenn die Mahlzeit nicht die erste Geige spielt, sondern nur die Begleitmusik darstellt. Ich habe so etwas mit eigenen Augen gesehen, denn jemand, den ich flüchtig kenne, verletzte sich einmal böse, während er ein Sandwich aß und gleichzeitig Skat spielte. Um ganz ehrlich zu sein, war es eigentlich ein guter Bekannter, naja, eine mir überaus nahestehende Person, um nicht zu sagen ich. Das perfekte Blatt auf der Hand, und nachdem ich auf Teufel komm raus gereizt hatte, bekam ich das Spiel und kündigte ein Null ouvert an. Bevor die erste Karte gespielt wurde, griff ich ohne hinzusehen nach meinem Sandwich, biss aufgewühlt hinein – und mir beinahe den Daumen ab, fast den ganzen Daumen. Solch ein Schmerz kann von Corbinians Crostini unmöglich verursacht werden.

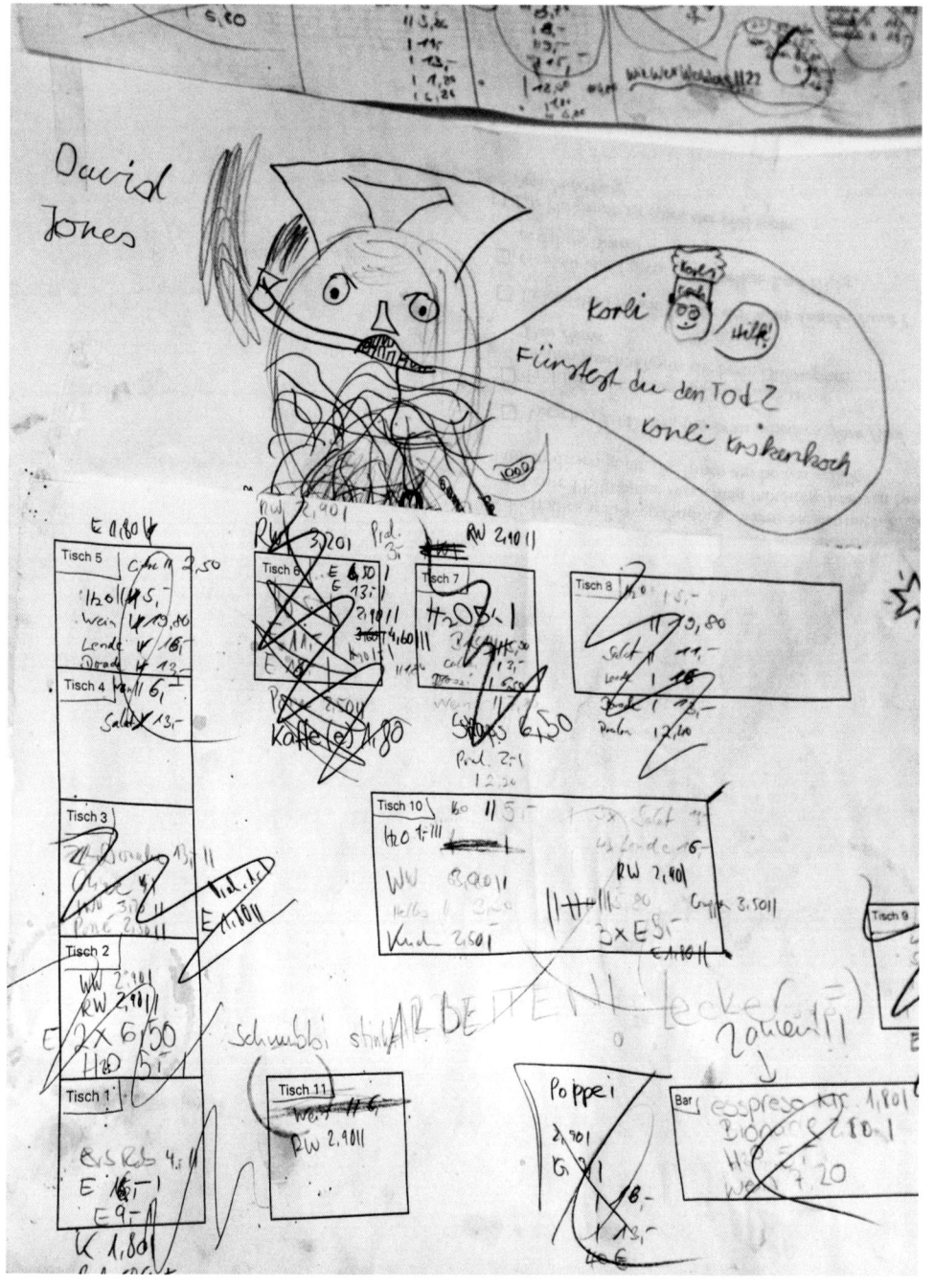

(08)
EKKI VISS

— Lauwarmer Käse ist der Kaviar des kleinen Mannes: nicht teuer und dennoch auf eine schon unverschämte Art elegant. Das weiß auch der Wiggerl, der nachmittags reinkommt und Corbinian dabei zusieht, wie er die Tafel für den Abend betextet.

„Aha, lauwarm, mei, super", sagt er anerkennend und nimmt einen Schluck von dem Bier, das wir extra für ihn kaufen und das er nie bezahlt.

Und dann erzählt er, dass er einmal in Island unter einem Geysir geduscht habe, dessen Wasser auf Zuruf die Temperatur ändern konnte von brühwarm zu lauwarm und schließlich sogar zu kalt.

„Und der Geysir hat dich verstanden? Ich würde sagen, so ein isländischer Geysir kann nur Isländisch", bemerkt Corbinian trocken und vollendet sein Tafelwerk. Wiggerl nimmt noch einen Schluck und sagt: „Freilich hat der mich verstanden, ich spreche nämlich Isländisch wie meine Westentasche." Sagt er wirklich so. Bei ihm existieren übrigens auch Dörfer mit sieben Siegeln, und einmal versicherte er mir, ich habe mich schief in den Finger geschnitten, wenn ich glaube, dass er keine Rente bekäme. Er bekomme sehr wohl eine Rente. Leider gibt er sie nicht bei uns aus.

Jedenfalls wunderte mich das mit dem Isländisch nicht sehr, denn der Wiggerl kann alles und weiß alles und war schon überall. Fragt man ihn nach der Hauptstadt von Myanmar, ruft er wie aus der Pistole geschossen: „Pyinmana." Fragt man nach Kirgisistan, so brüllt er „Bischkek", und schlägt man Belize vor, so kontert er mit „Belmopan". Und überall will er schon gewesen sein, nun auch unter einem wechselwarmen Geysir.

„Okay", sagt Corbinian, „dann bin ich jetzt ein isländischer Geysir, und du sagst zu mir, dass ich heißer sein soll."

„Vinsamlegast heitt."

„Bei dir piept's wohl."

„Wennstie Wahrheit net wissn wuist, frognet", sagt Wiggerl beleidigt. Er ist etwas schwer zu verstehen.

„Na gut. Jetzt will ich es kühler."

„Svalur", kommt es mit einem kleinen Rülpser.

„Und kalt."

„Kuldi!"

Corbinian gibt nicht auf. „Na schön, das Wasser hat jetzt die richtige Temperatur. Es ist herrlich warm. Was heißt das?"

„Dös is' pægilegur Hlýr."

Corbinian kapituliert. Wiggerl hat ausgetrunken und stellt die Flasche ab. Er will gehen und wünscht uns einen schönen Tag mit unserem „stórbrotin hlýr Geit Ostur." Was das jetzt bitteschön sein soll, fragt Corbinian, und Wiggerl dreht sich in der Tür um und ruft: „Wunderbar warmer Ziegenkäse".

Damit lässt er uns zurück. Ich würde meine Hand nicht unbedingt für seine Sprachkenntnisse ins Feuer legen, aber verunsichert bin ich doch, „ekki viss", wie der Isländer sagt.

VORBEMERKUNG

Bei diesem Rezept können Sie die Rote Bete
schon am Vortag kochen, denn sie muss kalt
sein. Es gibt auch bereits gekochte Rote Bete
zu kaufen. Die Knollen sollten gleichmäßig
rund und auch ungefähr gleich groß sein.

ZUBEREITUNGSZEIT

15 Minuten (mit fertig gekochter Roter Bete)

ZUBEREITUNG

Gemüsebrühe, Rotwein und Balsamico leicht
sprudelnd kochen lassen, dann den Thymian-
zweig und die Rote Bete zufügen. Wenn die
Rote Bete nach etwa 45 Minuten weich ist, das
heißt, wenn man mit einem Schaschlikspieß
relativ mühelos hineinstechen kann, die Knollen herausnehmen und in einem Sieb auskühlen lassen.

Die abgekühlte Rote Bete in möglichst dünne
Scheiben schneiden und diese einander leicht
überlappend als „runden" Spiegel auf 4 Tellern
anrichten.

Den Ofen auf 190°C (Umluft) vorheizen.
Den Ingwer schälen und fein reiben, mit dem
Olivenöl, dem Lemon-Balsamico und dem
Sauerrahm zu einer homogenen Sauce
verrühren und mit Meersalz und Pfeffer
abschmecken. Die Ziegenkäse auf ein mit
Backpapier belegtes Backblech legen und im
vorgeheizten Backofen erhitzen, bis sie leicht zu
schmelzen anfangen. Die Ziegenkäse auf den
Rote-Bete-Spiegel setzen und mit der Vinai-
grette umgießen.

ZUTATEN FÜR 4 PERSONEN

4	kleine runde Ziegenkäse (Frischkäse)

FÜR DIE ROTE BEETE
1|2 l   Gemüsebrühe (Instant)
1|4 l   Rotwein
1 Schuss Aceto Balsamico dunkel
1 Zweig Thymian
2   mittelgroße Rote Bete, geschält

FÜR DIE SALATSAUCE
1   Stück frischer Ingwer
        (etwa daumengroß)
4 EL   Olivenöl
2 EL   Lemon Aceto Balsamico
2 EL   Sauerrahm
1 Prise Meersalz
1 Prise schwarzer Pfeffer, grob gemahlen

KNABBEREI

LAUWARMER ZIEGENKÄSE MIT ROTER BETE UND INGWERVINAIGRETTE

(09)
EINE ASSOZIA-TIONSKETTE

— Manchmal sitzt man zu Hause oder im Auto oder im Kino, und es tun sich mit einem Mal Versorgungslücken auf. So dachte ich zum Beispiel neulich in der Oper darüber nach, dass ich eigentlich nur sehr wenige Salatsaucen kenne, es sind vielleicht drei. Oder vier. Oder Variationen von einer, dachte ich während des ersten Aktes des „Freischütz". Schuld an diesem Gedankengang war eine Assoziationskette, die sich nur sehr mühsam rekonstruieren lässt, denn Salat nimmt im „Freischütz" eine sehr untergeordnete Rolle ein.

Allerdings spielt die Geschichte im böhmischen Wald, und jener wirkte für Theaterverhältnisse extrem realistisch, soweit ich das beurteilen kann, ohne jemals in einem böhmischen Wald gewesen zu sein. Ich dachte also zunächst über die Berufsalternative Szenenbildner nach, widmete mich dann dem botanischen Studium der auf die Opernbühne gekarrten Flora, worauf ich darüber nachsann, ob diese Pflanzen täglich ersetzt würden oder es hinter den Kulissen ein Glashaus gäbe, was mich wiederum dazu anregte, ein Gewächshaus für unseren Garten zu planen, in welchem man ja dann, genau, Salat ziehen könnte. Und dann fiel mir ein, dass ich nicht genug Saucen dafür kenne, und es öffnete sich die schon erwähnte Versorgungslücke.

Und wie es der Zufall will oder das Schicksal, gehe ich anderntags zu Corbinian, um ihn um ein paar Salatsaucen-Ideen zu erleichtern. Er sitzt im Büro und schreibt auf seinem Laptop. Ich sehe ihm über die Schulter, und was tippt er? Salatsaucen-Rezepte! Für Sie und mich. Wunderbare Welt der Oper.

ZUBEREITUNG FÜR ALLE SAUCEN

Die Zutaten in einen Becher mit hohem Rand
füllen und mit einer Gabel so lange kräftig verrühren, bis eine schöne Emulsion entstanden ist.

ZUBEREITUNGSZEIT

Jeweils 3—5 Minuten

TIPP

Salat immer nach dem Waschen schleudern,
damit er möglichst trocken ist. Nur so kann
er eine ungetrübte — also nicht verwässerte —
Liaison mit der Sauce eingehen. Sollten Sie
keine Salatschleuder besitzen: Salat in einem
Sieb abtropfen lassen, auf ein trockenes
Handtuch legen, die Tuchenden in eine Hand
nehmen, sodass Sie quasi eine mit Salat
gefüllte Tüte in der Hand halten, und 2—3-mal
kräftig schleudern.
Die Salatsauce immer erst unmittelbar vor dem
Servieren zum Salat geben.

KNABBEREI
SALATSAUCEN

Nachfolgend 3 Rezepte für Salatsaucen,
die Sie natürlich nach eigenem Gusto variieren
können.

A SALATSAUCE
ZU WINTERLICHEN SALATEN

ZUTATEN FÜR 4 PERSONEN
3 EL   Olivenöl
2 EL   Kürbiskernöl
2 EL   Aceto Balsamico dunkel
1 TL   mittelscharfer Senf
2 EL   Sauerrahm
1 Prise Salz
1 Prise schwarzer Pfeffer aus der Mühle

B SALATSAUCE
ZU SOMMERLICHEN SALATEN

ZUTATEN FÜR 4 PERSONEN
5 EL   Olivenöl
2 EL   Lemon Aceto Balsamico
1 TL   mittelscharfer Senf
2 EL   Naturjoghurt
1 Prise Salz
1 Prise schwarzer Pfeffer aus der Mühle

C SALATSAUCE
ZU FRÜHLINGS- UND HERBSTSALATEN

ZUTATEN FÜR 4 PERSONEN
5 EL   Olivenöl
2 EL   Aceto Balsamico dunkel
1 TL   mittelscharfer Senf
1 TL   Meerrettich aus dem Glas
2 EL   Sojacreme
1 Prise Salz
1 Prise schwarzer Pfeffer aus der Mühle

SUPPEN

(10)
DEUTSCHLAND SUCHT DAS SUPERGEMÜSE

— Kann sein, dass man mal PR für Rote Bete machen muss, denn die sind ja nicht gerade in Mode. Im Gegensatz zum Kürbis. Der hat Halloween. Und was hat Rote Bete? Nur eine sehr kleine Lobby, zu welcher aber immerhin Corbinian zählt, der sich schöne Rezepte einfallen lässt, damit nicht nur alte Damen die rote Rübe glasweise verzehren.

Rote Bete 2.0 ist sozusagen das Thema. Das wäre schön, wenn man diesem Wintergemüse quasi neue Eigenschaften downloaden könnte. In der neuen Version könnte man die Rote Bete frittieren, man könnte sie aufschäumen oder als Eis am Stiel servieren, sie wäre das Highlight in der molekularen Küche, quasi in aller Munde, und man könnte sie sogar getrocknet und gesalzen an der Kinokasse kaufen, ihre Popularität wäre nur noch mit jener von Angelina Jolie und den Sommerferien vergleichbar. Schon bald würde sie ein knappes Gut, immer teurer, so glamourös, wie ein Gemüse nur sein kann. Und damit begönne dann aber auch schon wieder der Abstieg.

Es häuften sich nämlich die hämischen, die neidischen Presseberichte darüber, dass sie überschätzt sei, allgegenwärtig, eine Blenderin, und dass Sellerie sowohl gesünder sei als auch – besonders paniert und frittiert – erheblich massenkompatibler. Das Rote-Bete-Marketing müsste in immer schnellerer Abfolge Rote Bete 2.1, Rote Bete 2.2 und die blaue (!) Rote Bete 3.0 auf den Markt bringen, alles vergebens, der Zug wäre abgefahren und Rote Bete wieder ganz unten, wo seit Jahrzehnten die ähnlich kleinbürgerliche Stachelbeere um Anerkennung bettelt.

Ich sehe zu, wie Corbinian die Rüben schält und sich dabei mit rotem Saft einsaut. Und da bekomme ich solches Mitleid mit der Omarübe, mit diesem Pionier des Schrebergartens, dass ich beschließe, sie einfach in Ruhe zu lassen. Man braucht nicht von allem eine neue Version.

SUPPE
ROTE-BETE-SUPPE

ZUTATEN FÜR 6 PERSONEN

1|2 l	Gemüsebrühe (selbst gemacht, siehe Seite 91, oder Instant)
1|4 l	Rotwein
1 Schuss	Aceto Balsamico dunkel
1 Zweig	Thymian
2	mittelgroße Rote Bete, geschält
2 EL	Olivenöl
2	kleine Schalotten, fein gewürfelt
1|2 l	Wasser
1 TL	Kümmel, ganz
1 EL	Zucker
1 EL	Mehl
1|2 l	Milch
1|2 l	Sahne
1 Prise	Salz
1 Prise	schwarzer Pfeffer aus der Mühle

ZUBEREITUNGSZEIT

25 Minuten plus etwa 45 Minuten Kochzeit
für die Rote Bete

ZUBEREITUNG

1\|2 l Gemüsebrühe, Rotwein und Balsamico
leicht sprudelnd kochen, den Thymian und
die Rote Bete zugeben. Wenn die Rote Bete
weich ist (stechen Sie mit einem Schaschlikspieß hinein, lässt sich die Knolle ohne großen
Widerstand durchstoßen, ist sie gar), herausnehmen und in einem Sieb etwas auskühlen
lassen.
Die Brühe wegschütten, und die Rote Bete
nach dem Auskühlen in mittelgroße Würfel
schneiden.
In einem für die Suppe ausreichend großen
Topf die Schalotten in Olivenöl anschwitzen.
Sie sollen keine Farbe ansetzen. Gleichzeitig
in einem kleinen Topf das Wasser aufkochen,
den Kümmel hineingeben und bei reduzierter
Hitze quasi einen Kümmeltee ziehen lassen
(ca. 6–7 Minuten). Dann den Kümmel abseihen.
Wenn die Schalotten weich geschwitzt sind,
Zucker einstreuen und leicht glasig (nicht
braun) werden lassen. Die gewürfelte Rote
Bete zugeben und kurz in der Mischung gla-
sieren. Anschließend diese Mischung
mehlieren (Mehl durch ein Sieb aufstreuen),
einmal kurz durchrühren und mit dem Kümmeltee, der Milch und der Sahne aufgießen. Alles
einmal aufwallen lassen und bei mittlerer
Hitze ca. 15 Minuten köcheln lassen.
Anschließend alles mit dem Stabmixer durch-
pürieren. Sollte die Konsistenz zu fest sein (das
kann sein, wenn die Rote Bete sehr viel Stärke
abgegeben hat), mit etwas Milch oder Wasser
verdünnen. Gegebenenfalls mit Salz und
Pfeffer abschmecken.

ZUTATEN FÜR 6 PERSONEN

1	mittelgroße gelbe Zwiebel
1	Stück Ingwerknolle (ca. daumengroß)
3 EL	Olivenöl
1 l	Hühnerbrühe (selbst gemacht, siehe Seite 91, oder Instant)
750 g	Karotten in Bioqualität
1	Knoblauchzehe
100 g	Sahne
1|2 TL	Currypulver

Salz, Pfeffer

VORBEMERKUNG

Auch wenn das Süddeutsche-Zeitung-Magazin diese Suppe vor nicht allzu langer Zeit als ein absolutes Tabu für echte Männer bezeichnet hat (neben neun anderen Tabus, darunter samstags zu Ikea fahren), halte ich sie für eine (auch für Männer) wunderbare, vor allem aber einfach zu kochende und ausgesprochen wohlschmeckende Suppe.

SUPPE

KAROTTEN-INGWER-SUPPE

ZUBEREITUNGSZEIT
45 Minuten

ZUBEREITUNG

Die Zwiebel fein würfeln, den Ingwer schälen und reiben. Beides in Olivenöl bei mittlerer Hitze anschwitzen. Dabei darauf achten, dass die Zwiebel nur glasig, aber nicht braun wird. Anschließend die Hühnerbrühe angießen und darin die in Scheiben geschnittenen Karotten und den fein gewürfelten Knoblauch garen. Wenn die Karottenscheiben weich sind, alles mit einem Mixstab (oder im Standmixer) pürieren. Ganz zum Schluss die Sahne steif schlagen und zusammen mit dem Currypulver unterheben. Gegebenenfalls mit Salz und Pfeffer abschmecken.

(11)
WARUM EIGENTLICH SUPPE?

— Ja, genau: Warum eigentlich Suppe? Diese Frage stellte mein Großvater, wann immer es bei ihm zu Hause eine Suppe gab, also jeden Tag gegen zwölf Uhr. Warum Suppe? Immer fragte er das, und erst jetzt, Jahrzehnte später, habe ich verstanden, dass er damit keineswegs einer ständigen Enttäuschung Ausdruck verleihen wollte, überhaupt nicht. So habe ich das bloß immer verstanden. Warum Suppe, wenn man auch etwas beißen könnte? Warum überhaupt Suppe, wenn man auch Tee trinken könnte? Warum Suppe, wenn es draußen warm ist? Das war die Botschaft, die ich zu hören glaubte.

In Wahrheit lautete diese aber ganz anders; er stellte die Frage rein rhetorisch, so wie man fragen könnte: Warum eigentlich Demokratie? Die Antwort darauf erscheint alternativlos eindeutig und nicht der Diskussion wert. Und genauso war es für ihn mit der Suppe. „Warum eigentlich Suppe?", fragte er zufrieden, während er sich die Serviette in den Kragen stopfte. Ich ahne heute, dass er sich die Antwort im Stillen gab: „Warum nicht?" Das war so etwas wie sein Tischgebet, und es machte ihm gar nichts aus, dass seine Enkel es nicht richtig verstanden, denn das Essen, insbesondere die Suppe, war seine Privatreligion.

Meistens aß er Hühnersuppe, oft mit Reis, selten mit Nudeln. So etwas Ausgetüfteltes wie Corbinians Rezepte hätte er womöglich abgelehnt: Zu schlau, hätte er gesagt. Vielleicht. Oder auch nicht, denn als Suppenexperte war er zwar nicht unbedingt offen für Experimente, aber eben für Suppe, die er täglich vor dem Hauptgang genoss. Hätte man ihm anstelle der Hühnersuppe eine Karotten-Ingwer-Suppe vorgesetzt, so hätte er dies zwar kommentiert, sie aber dennoch restlos aufgegessen. Die Karotten hätten ihm bestimmt gut gefallen. Mit dem Ingwer weiß ich nicht. Mein Großvater stammte aus einer Generation, die wenig Wert auf Ingwer, Pak Choi, Kiwis und Avocados legte.

Da man Familientraditionen bewahren sollte, sagte ich, als Corbinian mir probeweise einen Teller Karotten-Ingwer-Suppe anbot: „Warum eigentlich Suppe?" Und er reagierte keineswegs so, wie ich es von ihm oder von mir selber erwartet hätte, nämlich mit Entrüstung oder zumindest beleidigt. Er lächelte nur und antwortete: „Warum eigentlich Sonnenschein?" Corbinian und mein Großvater hätten sich glänzend verstanden.

BROT GIBT ES BEI UNS NICHT NUR ZUR SUPPE,
SONDERN IMMER GLEICH ZU ANFANG.
DUNKLES UND HELLES MIT OLIVENÖL UND SALZ
GEGEN DEN ERSTEN HUNGER ODER EINFACH
NUR SO, WEIL ES EBEN SCHMECKT.
UNSERE GÄSTE KRÜMELN ÜBRIGENS GERNE.
WER VIEL KRÜMELT, FÜHLT SICH WOHL.

WIR LIEBEN FLASCHEN. DESHALB HABEN
WIR DIE AUSGETRUNKENEN AM ANFANG INS
GROSSE FENSTER UNSERES LAGERS GESTAPELT.
DAS LICHT BRICHT SICH SO SCHÖN DARIN.
WIR DACHTEN, ES DAUERE EWIG, BIS DAS FENSTER
VOLL WÄRE. ABER DIE EWIGKEIT HAT DANN
NUR EIN PAAR WOCHEN GEDAUERT. WIR SIND
UNSEREN GÄSTEN DAFÜR SEHR DANKBAR.

(12)
DIE MARONI-MAFIA

— Der Maronenmann ist eine Institution in Bayern, auch in der nahe gelegenen Kreisstadt gibt es so einen. Ich war noch nie wild auf Maronen. Den Geschmack weiß ich zu schätzen, aber geschält sehen sie aus, wie ich mir ein Vogelgehirn vorstelle. Und das törnt ja doch eher ab.

Erlauben Sie mir einen kurzen Exkurs, denn zu diesem Gedanken passt ein Rezept, das ich an dieser Stelle anbringen möchte, damit ich wenigstens eines zu diesem Buch beigesteuert habe und mein Leben nicht umsonst war. Also: Man nehme ein Glas Bessen Jenever – das ist eine niederländische Likörerfrischung, die es bei uns dank Rudi Carrell zu einer gewissen Prominenz gebracht hat – und gieße dort hinein einen Schluck irischen Cremelikörs, welcher aus Whisky und Sahne hergestellt wird. Beim Eintreten des Cremelikörs in den roten Beerenschnaps gerinnt die Sahne zu einer bräunlichen Wolke, die aussieht wie das Innere einer Marone. Daher wird das Getränk „Spatzenhirn" genannt, und man findet es unter dieser Bezeichnung auf Getränkekarten. Und zwar in Köln, womit alles gesagt ist. Ende der Abschweifung.

Jedenfalls bin ich kein Freund von diesen Maronen, die man ohne auf seinen Weg zu achten schält, deswegen gegen Laternenmasten, parkende Autos und Luftballons verteilende Kommunalpolitiker rennt und sich dabei ärgert, Geld für diese Fron bezahlt zu haben. Ich mag Kastanien in Suppe oder zum Wild oder in Gänsen, denn dann hat sich jemand anders damit abgeplagt – im Zweifel Corbinian –, aber aus der Tüte sind sie mir ein Graus.

Neulich kaufte ich wieder und gegen meinen Willen so ein Tütlein mit zwölf Maronen, von denen sich fünf als Blindgänger entpuppten, die ich nicht zu reklamieren wagte, weil ich dann immer denke, dass der Maronimann vermutlich ein armer Bursche ist, dessen Esskastanien aus zweiter Wahl stammen und der sich keine besseren leisten kann. Also warf ich die fünf Maronen in einen Abfallbehälter, der voll war mit Tüten derselben Herkunft.

Manchmal bin ich jedoch vergesslich wie ein tartarischer Greis, und als ich beim Auto war, fiel mir ein, dass ich noch etwas aus dem Supermarkt brauchte. Also ging ich zurück und kam wieder an dem Maronenmann vorbei, der soeben im Begriff war, seinen kleinen improvisierten Stand abzubauen. Ich kaufte, was mir fehlte, und als ich ihn ein drittes Mal passierte, zog er mit seinem Ofen, den Tüten und einem Karton Maronen ab. Ich ging hinter ihm her in Richtung Parkplatz. Er schloss einen uralten Kombi auf, für den es wahrscheinlich nicht einmal mehr eine Abwrackprämie gab, und belud diesen mit seinem Krempel. Ich fuhr hinter ihm vom Parkplatz, er blinkte rechts, ich fuhr hinterher. Und dann entschied ich mich, ihn zu verfolgen. Aus reiner Neugier und ohne jede Vorahnung, einfach so, weil ich Zeit hatte und wissen wollte, in welcher Art Behausung er seine zwölfköpfige Familie mit meinem Kleingeld durchbrachte.

Ich folgte ihm unauffällig, jedenfalls machte er keinerlei Umwege, steuerte seinen Kombi auf die Autobahn und fuhr zu einer Raststätte, wo er anhielt und ausstieg. Ich versteckte mich hinter dem Lenkrad. Der Mann ging geradewegs zu einem teuren Auto, Luxusklasse, zwölf Zylinder und Dutzende von Ventilen. Er öffnete den

VORBEMERKUNG

Das ist eine typische Herbst- und Winter-
suppe. Sie passt wunderbar zu Wild als Hauptgang. Und sie ist sehr einfach in der Zubereitung. Wenn Sie sie vorbereitet haben, müssen
Sie beim Aufwärmen darauf achten, dass die
Suppe nur vorsichtig erhitzt wird, da sie sonst
schnell anbrennt.
Probieren Sie für dieses Rezept ruhig einmal
Sojacreme aus. Das ist ein Sahne-Ersatz auf
Soja-Basis, nicht so fett und für die Bindung
fast besser geeignet. Lässt sich allerdings nicht
schlagen! Aber wer tut das schon gerne?

ZUBEREITUNGSZEIT

45 Minuten

ZUBEREITUNG

In der Hühnerbrühe den Rosmarin etwa
20 Minuten auskochen, anschließend alles
durch ein Sieb in einen zweiten Topf gießen.
Die Milch und die Maronen zugeben und bei
mittlerer Hitze köcheln lassen, bis die Maronen anfangen zu zerfallen. Anschließend mit
einem Mixstab (oder im Standmixer) gut durch-
pürieren. Die Sahne (oder Sojacreme) einrühren und mit Zucker, Muskatnuss und Salz nach
Belieben abschmecken.

ZUTATEN FÜR 6 PERSONEN

3	4 l	Hühnerbrühe (Instant oder selbst gemacht, siehe Seite 91)
3 Zweige Rosmarin	
3	4 l	Milch
400 g	Maronen, geschält und vorgekocht (gibt es so zu kaufen)
100 g	Sahne oder Sojacreme
1 Prise	Muskatnuss, frisch gerieben
1 Prise	Zucker
Salz	

SUPPE

MARONEN-ROSMARINCREMESUPPE

TIPP

Falls Sie die Suppe feiner haben wollen, können Sie sie nach dem Pürieren durch ein Haarsieb streichen. Das ist zwar zeitaufwändig, nimmt der Suppe aber etwas von ihrer Kompaktheit.

Kofferraum, warf seine abgeschabte Winterjacke hinein und holte ein blaues Kapitänsjackett mit goldenen Knöpfen heraus, welches er anzog. Dann tauschte er die rote Bommelmütze gegen eine glänzend bestickte Baseballmütze und bestieg das Auto, um mit nicht geringer Geschwindigkeit seine Fahrt fortzusetzen. Ich verfolgte ihn, so gut ich konnte. Er nahm die nächste Ausfahrt, fuhr gen Süden und schließlich nach zehn Kilometern in ein schickes Wohngebiet hinein. Dort öffnete sich ein Flügeltor, durch welches er gemächlich steuerte, um im Inneren einer weitläufigen Parkanlage zu verschwinden.

Ich hielt an und stieg aus, sprang an der Mauer hoch, um zu sehen, wie groß sein Haus war. Aber ich sprang nicht hoch genug, landete unglücklich und verstauchte mir beim Aufprall den Knöchel. Das ärgerte mich so sehr, wie es schmerzte. Ich saß eine Weile auf dem Gehweg und jammerte, als sich das Tor abermals öffnete. Zunächst dachte ich, der Maronenmann würde zurückkommen, dann sah ich eine Mischung aus Geländewagen und Limousine, ein Gefährt, das man am Starnberger See scherzhaft Ostufertraktor nennt, die Straße entlangkommen. Darin saß eine hübsche Frau. Sie hielt an, ließ die Scheibe hinunter und fragte freundlich, ob sie mir helfen könne. Ich erwiderte, dass ich meinen Fuß offenbar verstaucht hätte, und sie bot an, mich im Haus zu versorgen. Offenbar erschien ich ihr bürgerlich genug, um so ein Wagnis einzugehen.

Ich zögerte keine Sekunde, stieg in ihr Auto, und wir fuhren minutenlang durch eine Allee, bis wir schließlich zum Herrenhaus gelangten, einem enormen Backsteinbau, vor welchem ich geschmackvolle Tontöpfe mit allerhand Pflanzen stehen sah. Wir gingen – ich humpelte – hinein. Das Haus war bemerkenswert kostspielig, aber geschmackvoll eingerichtet. Ich schleppte mich ins Wohnzimmer, wo die Dame des Hauses mich bat, auf der Couch Platz zu nehmen. Ich zog den rechten Schuh aus, sie kam mit etwas, um den Knöchel zu kühlen, und es brachte sofortige Linderung.

Als ich mich gerade damit abgefunden hatte, dass der Maronimann offensichtlich schwerreich, mit einer entzückenden Frau verheiratet sowie mit einem exzellenten Möbelgeschmack gesegnet war, trat dieser herein. Ich erkannte ihn beinahe nicht wieder. Offenbar trug er bei der Arbeit nicht nur eine Bommelmütze, sondern auch ein zerfranstes Toupet. Sein Gang erschien mir jetzt viel aufrechter und seine Haut rosiger.

„Aha, ein Gast!", rief er erfreut. Offenbar bekam er nicht oft Besuch, höchstens vielleicht von anderen inkognito lebenden Maronimännern.

„Guten Tag", sagte ich. „Ich wollte fünf Kastanien reklamieren." Etwas Besseres fiel mir nicht ein, aber ich musste ja damit rechnen, dass er mich als Kunden erkannte, was er denn auch tat.

„Ach, Sie sind es", stieß er hervor. „Sind Sie mir gefolgt?" Er schien nervös. Kein Wunder, schließlich konnte seine Enttarnung dazu führen, dass ich seinen beinahe unmoralischen Wohlstand, der sich aus halbguten Kastanien speiste, öffentlich machte.

„Ja", sagte ich. „Tut mir leid. Ich wollte hier nicht eindringen. Aber ich habe mir meinen Knöchel verstaucht."

„Was wollen Sie von mir? Wollen Sie Geld?"

Mir fiel auf, dass sein karpatischer Akzent einem lupenreinen Hochdeutsch gewichen war.

„Nein, aber eine Erklärung. Was soll das ganze Theater?"

Und dann erläuterte er mir seine Geschäftsstrategie, die darauf basierte, dass man einem einfachen Mann viel eher eine Kastanie abkauft als einem reichen Pinsel, der er zweifellos war. Er habe es auch in seiner normalen Kluft probiert, aber da sei das Geschäft sofort eingebrochen, und er habe nichts mehr verdient. Sein Lebensstil sei aber aufwändig, und daher müsse er sich ein wenig verstellen, es gehe auch für ihn ums Überleben, welches er nur sichern könne, wenn er möglichst arm erscheine.

„Sie betrügen die Menschen", sagte ich.

„Das ist nicht wahr", antwortete er. „Sie lassen mir keine andere Wahl. Ich will doch nur Maronen verkaufen. Ich kann doch sonst nichts." Er begann beinahe zu weinen und musste von seiner Frau getröstet werden, die nun anbot, für alle ein Abendbrot zu richten.

„Bleiben Sie?", fragte er weinerlich. Ich bejahte, was hätte ich sonst machen sollen? Er tat mir leid.

Dann erklärte er mir, wie sich mit Maronen Millionen einstreichen lassen. Ungeheuerlich! Der Gewinn ist sagenhaft, wenn man alles richtig macht. Innerhalb von einer halben Stunde hatte er mich als Partner geworben, auch und vor allem, um mich damit von vornherein zum Schweigen zu bringen, denn Verschwiegenheit ist in unserem Business das höchste Gut. Schließlich rief seine Frau uns zu Tisch. Der Maronenmann, er heißt Siegfried, sagte, er wolle uns noch einen kleinen Drink mixen, zum Anstoßen. Er trat an seine Hausbar, nahm drei Gläschen und fuhrwerkte mit zwei Flaschen herum. Dabei drehte er mir den Rücken zu, sodass ich nicht sehen konnte, was er da genau trieb.

Er trat mit einem kleinen Tablett an den Esstisch und sagte: „Wohl bekomm's."

Auf dem Tablett standen: drei perfekt eingeschenkte Spatzenhirne.

(13)
RAUCHENDER FISCH

— „Was soll das denn heißen?", frage ich Corbinian und zeige auf die Tafel, die er für den Abend aufgehängt hat. Es ist Nachmittag, die ruhige Zeit, in der man auch mal über andere Dinge als Essen und Rezepte reden könnte. Könnte. Machen wir aber nie. Es geht bei uns nicht um Politik, nicht um Wirtschaftskrisen oder den Klimawandel, sondern ums Essen und Trinken. Um Wein. Um Rosinen und höchstens mal um hübsche Bedienungen, aber die kann man ja nicht essen, also wechseln wir immer wieder schnell das Thema.

„Wie, was denn?", fragt er.

„Ja, was das heißen soll?"

„Kannst net lesn, Zipflklatscher?", fragt mich Corbinian, der dann und wann etwas rustikal reagiert, wenn man ihn kritisiert. Und ich habe ihn nicht einmal kritisiert, sondern nur gefragt, was das da heißen soll, ich verstehe es nämlich nicht. Aber das darf man ja nicht sagen zu unserem verkuhwedelten Corbinian, da ist er gleich eingeschnappt.

Ich kann außerdem durchaus lesen, aber ich weiß nicht, ob es sich da um kalten Rauchfisch, kalten rauchenden Fisch oder kalten Räucherfisch handelt, und wenn es sich um kalten Rauchfisch oder kalten rauchenden Fisch handeln sollte, mache ich mir Sorgen. Was das heißen solle, fragt er mich, und ich erkläre ihm, dass ich rauchende Fische in unserem Lokal ablehne. Die Vorstellung, dass in unserem Laden ein rauchender Fisch sitzt, womöglich mit einer Kippe in der einen Flosse und einem Absinth in der anderen, die gefällt mir nicht. Womöglich hat er schlechte Laune und beleidigt die anderen Gäste, zieht eine Karpfenschnute und saugt an seiner Zigarette, und das auch noch in einem Nichtraucherlokal.

„Mir wäre lieber, du würdest ihn geräuchert nennen", schlage ich Corbinian vor, aber der steht auf und geht in die Küche, weil er jetzt wieder zu tun hat.

„Der Einzige, der hier raucht, bist du", knurrt er noch. „Und ich würde gerne wissen, was."

ZUTATEN FÜR 4 PERSONEN

2	mittelgroße geräucherte Forellen, Saiblinge oder Renken (jede ca. 350 g)
1 Bund Suppengrün	(Karotte, Lauch, Sellerie, Petersilie)
2	mittelgroße gelbe Zwiebeln, geschält und gewürfelt
5 EL	Olivenöl
3|4 l	Wasser
1|2 l	Sahne
Etwas trockener Weißwein	
200 g	Butter
2	Scheiben Toastbrot, entrindet
2	Knoblauchzehen, halbiert
1|2	Salatgurke, geschält und sehr fein gewürfelt
4 EL	Olivenöl
4 TL	Kresse
Meersalz	
schwarzer Pfeffer aus der Mühle	

SUPPE

KALTE RAUCHFISCH-SUPPE MIT KNOBLAUCHCROUTONS UND GURKE

ZUBEREITUNGSZEIT
30 Minuten

TIPP
Sie können die Butter, in der Sie die Croutons zubereitet haben, wiederverwenden. Dazu seihen Sie sie durch ein Passiertuch und bewahren sie in einem Schälchen im Kühlschrank auf. Die Butter ist durch die Röstnoten und den Knoblauchgeschmack sehr aromatisch.

ZUBEREITUNG

Den Räucherfisch von der Haut befreien, das Fleisch vorsichtig auslösen und zur Seite stellen. Die Karkassen (Kopf, Schwanz, Flossen und Gräten) zusammen mit dem Suppengrün und den Zwiebeln in 4 EL Olivenöl in einem ausreichend großen Topf scharf anrösten und dann mit dem Wasser ablöschen. Alles sollte knapp mit Wasser bedeckt sein. Etwa 20 Minuten köcheln lassen, dann mit der Sahne aufgießen und einmal aufwallen lassen.

Auf einen zweiten Topf ein mit einem Passiertuch ausgelegtes Sieb auflegen und alles durchseihen. Mit Weißwein, Salz und Pfeffer abschmecken und kalt stellen.

Toastbrotscheiben in kleine Würfel schneiden und in einer beschichteten Pfanne bei mittlerer Temperatur die Butter so erhitzen, dass sie Blasen wirft. Den Knoblauch und die Toastbrotwürfel zugeben und in der heißen Butter unter ständigem Wenden gleichmäßig bräunen. Die Croutons werden hier eher frittiert als geröstet. Wenn sie gleichmäßig goldbraun sind, mit einem Schaumlöffel herausnehmen und auf einem Küchenkrepp verteilen, um sie zu entfetten. Knoblauch entfernen.

Wenn die Suppe abgekühlt ist, das Fischfleisch in mundgerechte Stücke zerteilen und zusammen mit je 2 EL Gurkenwürfeln auf 4 Suppenteller verteilen. Die kalte Suppe aufgießen und mit einem dünnen Olivenölfaden und je 1 TL Kresse garnieren.

FRISCH, FRISCH, FRISCH MUSS ALLES SEIN,
WAS CORBINIAN FÜR SEINE KÜCHE EINKAUFT.
DOSEN MIT OMINÖSEN PULVERN ODER
EINGESCHWEISSTER AROMAQUATSCH KOMMEN
IHM NICHT IN DIE TÜTE. DAS LEBEN IST
EINFACH ZU KURZ FÜR SCHLECHTES ESSEN.

(14)
DAS GEDICHT VOM AAL, DER UNBEDINGT STERBEN WOLLTE

Ein Aachener Aal
namens Burli-Jamal,

der hatte einst ein Ritual:
Er schwamm gerne durchs Isartal.

Jener Burli-Jamal
war glücklich, zumal

er war groß, kapital,
und schwer, ideal,

als Beute daher triumphal,
um nicht zu sagen: kolossal.

Er hatte als Mahlzeit echt Potenzial,
und das wusste er, denn er war auch genial.

Und so ließ er sich absichtlich fangen, der Aal,
denn er war ein Narziss und wollt' ins Lokal;

wollt' bewundert werden als Abendmahl.
Seine Eitelkeit war abnormal.

So kam es schließlich und final
zu einem Treffen von Burli-Jamal

und Corbinian, der trivial
das Leben beendete von dem Aal.

So ist ganz banal
die Wahrheit nun mal.

Und es wurde aus Burli-Jamal:
am Ende ein Futteral.

ZUTATEN FÜR 4 PERSONEN

FÜR DIE MEERRETTICHCREME

4 EL	Frischkäse (keine Magerstufe)
1 EL	Meerrettich aus dem Glas
1|2 TL	sehr fein gehackter Dill
1 kleine Prise Zucker	

FÜR DIE RAUCHAAL-SUPPE

1	Räucheraal filetiert (ca. 400 g), ohne Haut (Gräten und Haut vom Fischhändler mitgeben lassen!)
1 l	Fischfond
2 EL	Butter
4	kleine Schalotten, fein gewürfelt
1|2	Knoblauchzehe, fein gewürfelt
1	mittelgroße Fenchelknolle ohne Grün, fein gewürfelt
2 EL	Mehl oder 1 EL Speisestärke
1|8 l	trockener Weißwein
1|8 l	Sahne
1 EL	Crème fraîche
1 gute Prise Meersalz	
1 Prise	weißer Pfeffer, frisch gemahlen
1 EL	Butter
4	halbe Scheiben Bauernbrot, entrindet

ZUBEREITUNG

Den Frischkäse mit dem Meerrettich, dem Dill und einer Prise Zucker mithilfe einer Gabel gründlich durchmischen und die so entstandene Creme abgedeckt kühl stellen, damit sie durchziehen kann.

Gräten und Haut des Aals im Fischfond 15 Minuten auskochen. 2 EL Butter in einem zweiten, hohen Topf erhitzen und die Schalotten, den Knoblauch und den Fenchel bei mittlerer Temperatur darin anschwitzen (sie sollen keine Farbe ansetzen). Mehl oder Speisestärke dazugeben und etwa 1 Minute rühren. Mit dem Weißwein ablöschen.

Den inzwischen fertig gekochten Sud durch ein Sieb in den Topf mit dem Gemüse gießen. Die Sahne beigeben und das Ganze ungefähr 15 Minuten auf kleiner Flamme köcheln lassen. Währenddessen 1 EL Butter in eine beschichtete Pfanne geben und die Brotscheiben darin goldbraun rösten.

Die fertig gekochte Suppe mit einem Mixstab pürieren und durch ein feines Sieb passieren. Nochmals kurz erhitzen, mit Salz und Pfeffer abschmecken und die Crème fraîche mit dem Pürierstab einmixen.

Die Räucheraalfilets in kleine Würfel schneiden, in die vorgewärmten Teller geben und mit der heißen Suppe aufgießen. Die Brotscheiben jeweils in vier Streifen schneiden, mit der Meerrettichcreme bestreichen und zu der Suppe servieren.

ZUBEREITUNGSZEIT
40 Minuten

VORBEMERKUNG
Dies ist eine wunderbar sämige, deftige
Suppe, die ihre Heimat eigentlich in Nord-
deutschland hat. Aber auch mit hiesigem Aal
gelingt sie ganz ausgezeichnet. Fangen Sie mit
der Zubereitung der Meerrettichcreme an,
denn sie sollte etwas Zeit zum Durchziehen
haben. Sie können sie auch gut schon am Vortag zubereiten und dann über Nacht im Kühlschrank ruhen lassen.

SUPPE

RAUCHAAL-SUPPE MIT GERÖSTETEM BROT UND MEERRETTICHCREME

SUPPE

GRUNDREZEPT
BRÜHE

GRUNDREZEPT GEMÜSEBRÜHE

ZUBEREITUNGSZEIT
1 Stunde

ZUTATEN FÜR 4 PERSONEN
2 kleine Zwiebeln
100 g Sellerie
150 g Lauch
50 g Petersilienwurzel
200 g Karotten
80 g Butter
1 l Wasser
Meersalz zum Abschmecken

VORBEMERKUNG
Sie können für die Rezepte in diesem Buch
selbstverständlich auch Instant-Brühe verwenden, doch es lohnt sich, es auch einmal mit
selbst gemachter Brühe zu probieren. Mir
gefällt der Geschmack meist noch besser.

ZUBEREITUNG
Das Gemüse fein schneiden und in der
Butter im offenem Topf auf mittlerer Temperatur dünsten.
Anschließend das kalte Wasser zugeben,
alles zum Kochen bringen und dann etwa
45 Minuten köcheln lassen. Das Gemüse mit
einem Schaumlöffel herausheben und die
Brühe mit Salz abschmecken.

GRUNDREZEPT HÜHNERBRÜHE

ZUBEREITUNGSZEIT
75 Minuten

ZUTATEN FÜR 4 PERSONEN
1 1|2 l kaltes Wasser
1 Suppenhuhn (etwa 1,2 kg)
2 weiße Zwiebeln
1 Lorbeerblatt
3 Knoblauchzehen
1 Bund Suppengemüse
  (Karotte, Sellerie, Lauch)
1 Bund Petersilie
5 schwarze Pfefferkörner
1 TL Salz

VORBEMERKUNG
Um eine geschmacklich intensive Hühnerbrühe
zu erhalten, muss unbedingt ein gutes Suppenhuhn verwendet werden. Mit den Schnellzucht-
hähnchen, die nur zum Braten geeignet sind,
lässt sich das nicht hinkriegen. Sie können für
die Rezepte in diesem Buch natürlich auch Fer-
tigbrühe verwenden, doch der Geschmack
von selbst gemachter Hühnerbrühe ist
unschlagbar.

ZUBEREITUNG
Das Huhn gründlich waschen und mit kaltem
Wasser bedeckt langsam zum Kochen bringen. Anfangs nur das Salz hinzufügen. Das
Huhn sollte schon eine Stunde köcheln, ehe
das Suppengemüse und die Gewürze hinzu-
kommen. Zwischendurch öfter abschäumen.
Suppengemüse putzen und in relativ große
Stücke schneiden. Zwiebeln und Knoblauch
müssen nur gewaschen, aber nicht geschält
werden. Zwiebeln quer halbieren, in wenig Öl
auf den Schnittflächen kräftig (dunkelbraun)
anbraten. Das gibt der Brühe eine goldene
Farbe und trägt zum guten Geschmack bei.
Nach etwa 1 Stunde Kochzeit Lorbeerblatt,
Gemüse und Gewürze in die Brühe geben
und sanft, bei niedriger Temperatur, weiter-
kochen. Am besten simmert die Brühe ohne
Blasenbildung.
Wenn sich die Hühnerbeine ohne Hilfsmittel
mühelos vom Rumpf lösen lassen, ist das
Fleisch gar. Fleisch und Gemüse für eine
weitere Verwendung (wie beispielsweise
Frikassee,
Geflügelsalat oder Nudeleintopf) kühl stellen.
Brühe durch ein Sieb gießen und entfetten.
Dies geht am besten in kaltem Zustand, da
das Schmalz an der Oberfläche dann fest
geworden ist.

FISCH

(15)
BASTELN MIT DER VINOTECA MARCIPANE

— Eine Walnuss eignet sich nicht nur glänzend zum Verzehr oder zur Verfeinerung einer Seeforelle, sondern auch für allerhand Bastelei und Schabernack. Zum Beispiel kann man herrliche kleine Schiffchen daraus basteln. Man benötigt für zwei Schiffe lediglich Papier, Schere, einen Zahnstocher und etwas Knete sowie einen guten Therapeuten. Oder, noch aufregender: Aus einer Walnuss kann man gut eine Walnuss-Attrappe bauen!

Das geht so: Walnuss vorsichtig öffnen, das Innere entfernen und wegwerfen, danach die Hälften vorsichtig mit Kleber wieder zusammenfügen und auf den Nussteller zurücklegen. Mit etwas Glück kommt jemand vorbei und denkt: „Aha! Nüsse! Wie lecker." Und mit noch etwas mehr Glück nimmt derjenige genau unsere hohle Attrappennuss und haut mit der Faust drauf: „Na so was! Gar nichts drin! Da bin ich wohl jemandem auf den Leim gegangen, verflixt."

So lustig kann das Leben sein, wenn man eine Walnuss hat.

ZUTATEN FÜR 4 PERSONEN
FÜR DEN WIRSING

1	kleiner Kopf Wirsing
2 EL	Olivenöl
1 EL	Butter
2	kleine Schalotten, fein gehackt
100 g	Fenchelsalami, fein gewürfelt
1 guter Schuss trockener Weißwein
1|4 l	Sahne oder Sojacreme
1	gute Handvoll blaue Trauben (wenn möglich kernlos), halbiert
2 EL	Walnusskerne, halbiert oder Bruch
1 Prise	Muskatnuss, frisch gerieben

FÜR DIE SEEFORELLE

2	mittelgroße Seeforellen, küchenfertig filetiert, aber mit Haut (ca. 180 g pro Person)
2 EL	Olivenöl
1 EL	Butter
etwas trockener Weißwein
Meersalz
schwarzer Pfeffer aus der Mühle

FISCH

SEEFORELLE GEBRATEN MIT RAHMWIRSING, TRAUBEN UND WALNUSS

ZUBEREITUNGSZEIT
25 Minuten

VORBEMERKUNG
Wir sind südlich von München, am Starnberger See, zu Hause. Hier gibt es neben der Starnberger-See-Renke auch wunderbare Seeforellen, die teilweise eine beachtliche Größe erreichen. Sie sind der Forelle im Geschmack ähnlich, aber etwas intensiver und zeichnen sich durch ein leicht rötliches Fleisch (ähnlich dem Saibling) aus. Alle genannten Fische eignen sich aber ebenfalls für dieses Gericht.

Wenn Sie keine Fenchelsalami bekommen, eignet sich zur Not auch eine normale Salami, die gemeinsam mit im Mörser zerstoßenen Fenchelsamen zum Wirsing gegeben wird.

ZUBEREITUNG

Den Wirsing von den äußeren Blättern befreien, halbieren, von außen nach innen in schmale Streifen schneiden und den Strunk ausstechen. 2 EL Olivenöl und 1 EL Butter in einer beschichteten Pfanne auf mittlere Temperatur erhitzen und die Schalotten zugeben. Sobald sie glasig sind, den Wirsing und die Salami zugeben, salzen und pfeffern, kurz durchschwenken, den Weißwein zugeben und verdampfen lassen. Anschließend die Sahne oder Sojacreme angießen, die Trauben und die Walnusskerne zugeben, mit Muskatnuss würzen und alles bei reduzierter Hitze durchziehen lassen. Der Wirsing soll weich sein, aber noch Biss haben. Gleichzeitig in einer zweiten Pfanne 2 EL Olivenöl und 1 EL Butter auf mittlere Temperatur erhitzen und darin die gesalzenen und gepfefferten Seeforellenfilets auf der Hautseite anbraten. Wenn die Haut schön knusprig geworden ist, den Fisch wenden und mit einem Schuss Weißwein ablöschen. Die Pfanne vom Herd nehmen und warm stellen. Nach etwa 3 Minuten sollte der Fisch gar gezogen sein. Forellenfilets mit der Hautseite nach oben auf dem Wirsing auf 4 Tellern anrichten.

(16)
SCHLOTZ!

— Wichtig bei Risotto ist bekanntlich, dass er schlotzt. Großer Satz, denn kein Mensch weiß, was schlotzen ist, aber jeder begreift sofort, was gemeint ist. Die deutsche Sprache ist arm an solch zauberhaften Begriffen. Hieße der Satz zum Beispiel: Wichtig bei Risotto ist, dass er mumpft, so könnte damit allerlei gemeint sein: Aroma, Geruch, Preis, Nebenwirkung. Beim Schlotzen ist hingegen völlig klar, was gemeint ist, denn nur schlotziger Risotto macht glücklich.

Wie nun aber kommt der Schlotz in den Reis? Das ist Gegenstand vielfältiger Erörterungen und nicht mein Bier. Ich bin immerhin dazu in der Lage, am eigenen Herd den perfekten Schlotzgrad hinzubekommen. Falls Ihnen dies bisher nicht glückt, so kann ich nur mit einem anderen großen und selbstverständlichen Satz dienen, der da lautet: „Auch das Schlotzen will geübt sein." Vollkommen klar, was das bedeutet, oder?

VORBEMERKUNG

Dieses Gericht ist eigentlich einfach in der Herstellung, bereiten Sie aber unbedingt alle unten genannten Zutaten sorgfältig vor, bevor Sie mit dem Kochen beginnen. Gehen Sie dann schlicht Schritt für Schritt vor, so gelingt es auf jeden Fall.

VOR- & ZUBEREITUNGSZEIT

15 Minuten & 35 Minuten

WEINEMPFEHLUNG

Verdicchio mild (z. B. Tavignano)

FISCH

LOUP DE MER GEBRATEN IN TOMATENBUTTER MIT SALBEI-OLIVENRISOTTO

ZUTATEN FÜR 4 PERSONEN

8 EL   Butter
2 EL   Tomatenmark
2   mittelgroße Loup de Mer, küchenfertig filetiert, aber mit Haut (ca. 150–200 g pro Stück)
Meersalz
schwarzer Pfeffer aus der Mühle

FÜR DEN RISOTTO

1 l   Gemüsebrühe (selbst gemacht, siehe Seite 91, oder Instant)
2 EL   Olivenöl
2   kleine Schalotten, fein gehackt
1|3   Stängel Staudensellerie, fein gehackt
250 g Risottoreis (z. B. Arborio)
1|4 l trockener Weißwein
100 g Parmesan, frisch gerieben
100 g schwarze kleine italienische Oliven, entsteint und grob gehackt
1 Handvoll Salbeiblätter, grob gehackt

ZUBEREITUNG

1. SCHRITT: Zubereitung der Tomatenbutter
4 EL Butter, das Tomatenmark, eine Prise Salz und eine Prise Pfeffer gut miteinander vermengen, sodass eine homogene Masse entsteht.

2. SCHRITT: Vorbereitung des Risottos
1 l Brühe zum Kochen bringen und bei mittlerer Hitze köcheln lassen. Gleichzeitig in einem ausreichend großen zweiten Topf das Öl auf mittlere Temperatur erhitzen und darin die Schalotten und den Sellerie weich schwitzen. Sie sollen keine Farbe annehmen!

3. SCHRITT: Zubereitung des Risottos
Den Reis einstreuen und die Temperatur erhöhen, gut durchrühren. Wenn nach etwa einer Minute der Reis glasig ist, gießen Sie den Wein zu und rühren, bis der Alkohol verflogen ist. Der Reis sollte nach Wein, nicht nach Alkohol duften.

4. SCHRITT: Risotto fertigstellen
Nun die Temperatur reduzieren und eine Schöpfkelle Brühe und eine Prise Salz zugeben und rühren. Wichtig ist, dass der Reis nur zart blubbert. Wann immer die Brühe vom Reis ganz aufgesogen ist, weitere Brühe nachgießen und rühren. Das Rühren ist wichtig. Es verhindert das Anbrennen und setzt vor allem die im Reis enthaltene Stärke frei, was dem Risotto erst zu der bekannten cremigen Konsistenz verhilft. Nach ca. 15–20 Minuten ist der Reis meist weich, hat aber noch Biss. Wenn nicht, so gießen Sie noch etwas Brühe nach rühren weiter.

5. SCHRITT: Zubereitung der Fischfilets
Verteilen Sie gleichzeitig die Tomatenbutter in 2 Pfannen und erhitzen sie beide auf etwas mehr als mittlere Temperatur. Die Fischfilets auf jeder Seiten salzen und pfeffern und mit der Hautseite nach unten anbraten.

6. SCHRITT: Risotto ruhen lassen
Den Risottotopf vom Herd nehmen und die restliche Butter, den Parmesan, die Oliven sowie den gehackten Salbei behutsam, aber gründlich unterheben. Deckel auflegen und für die richtige Konsistenz 2–3 Minuten durchziehen lassen.

7. SCHRITT: Fertigstellung der Fischfilets
Während der Risotto-Ruhezeit die Fischfilets wenden und die Pfannen vom Herd nehmen. Den Fisch in der noch heißen Pfanne nachziehen lassen.

8. SCHRITT: Servieren
Den Risotto auf 4 Tellern verteilen und die Fischfilets mit der Hautseite nach oben darauf anrichten.

BEI UNS WIRD NICHTS VORBEREITET, WIR
SIND DAS GEGENTEIL VON SYSTEMGASTRONOMIE.
DA IST ES SCHON EIN KLEINES WUNDER,
DASS MAN NIE LÄNGER ALS ZWANZIG MINUTEN
AUF SEIN ESSEN WARTEN MUSS. MANCHEN
GÄSTEN IST DAS ÜBRIGENS KOMISCHERWEISE ZU
KURZ. DIE NEHMEN DEN BEGRIFF „SLOW FOOD"
NOCH WÖRTLICHER ALS WIR.

VORBEMERKUNG

Der Adlerfisch, auch Umberfisch genannt, lebt hauptsächlich im Ostatlantik. Er wird bis zu 2,30 m lang und bis zu 100 kg schwer. Er gehört zur Gattung der Barsche. Als Raubfisch ernährt er sich von kleineren Fischen und schwimmenden Krebstieren (z. B. Garnelen). Er ist ausgesprochen muskulös, weswegen sein Fleisch schön fest ist.

VOR- & ZUBEREITUNGSZEIT

15 Minuten & 15 Minuten

FISCH

ADLERFISCH GEBRATEN MIT MANGO, ANANAS, PAPRIKA UND ERBSENPÜREE

ZUTATEN FÜR 4 PERSONEN

2 EL	Olivenöl
4 EL	Butter
2	kleine Schalotten, fein gehackt
4	Stücke vom Adlerfisch, jeweils etwa 150 g, küchenfertig filetiert, aber mit Haut
2	kleine rote Paprika, entkernt, von den Scheidewänden befreit und in mundgerechte Stücke geschnitten
1	Chili, entkernt und fein gehackt
1|2	rote, reife Mango, geschält, entkernt und in mundgerechte Stücke geschnitten
1|4	reife Ananas, geschält, entkernt und in mundgerechte Stücke geschnitten

etwas trockener Weißwein
Meersalz
schwarzer Pfeffer aus der Mühle

FÜR DAS PÜREE

200 g	mehlige Kartoffeln
200 g	Erbsen
1|4 L	Milch
2 EL	Butter

etwas geriebene Muskatnuss

ZUBEREITUNG

Zuerst werden die Kartoffeln in der Schale in leicht gesalzenem Wasser weich gekocht und anschließend geschält. Gleichzeitig die Erbsen ebenfalls in leicht gesalzenem Wasser weich, aber nicht breiig kochen. Beides mit Kartoffelpresse oder -stampfer zerdrücken. 1|4 l erwärmte (aber nicht kochende) Milch mit 2 EL Butter unter die zerdrückten Kartoffeln und die Erbsen geben, bis die gewünschte Konsistenz erreicht ist. Mit Salz und Muskatnuss abschmecken und warm stellen.
Anschließend 2 EL Olivenöl und 1 EL Butter in einer Pfanne auf mittlere Temperatur erhitzen und die Schalotten zugeben. Sobald diese glasig sind, die gesalzenen und gepfefferten Fischfilets mit der Hautseite nach unten anbraten. Wenn die Haut schön knusprig geworden ist, kurz aus der Pfanne nehmen, die Paprika und die Chili in die Pfanne geben, kurz anbraten, dann die Mango sowie die Ananas zugeben. Alles durchschwenken, den Weißwein angießen und die Fischfilets mit der Hautseite nach oben auf diese Mischung legen. Nach ca. 2 Minuten sollte der Fisch gar gezogen sein.
Das Püree auf 4 Tellern verteilen, den Fisch darauf anrichten und die Gemüse-Obst-Mischung darum verteilen. Mit dem Fisch-Bratensaft übergießen.

(17)
EINE KLIMA-GESCHICHTE

— „Adlerfisch?", frage ich Corbinian. Was das denn sein solle? Ein fliegender Fisch von mächtiger Spannweite? Schuppiges Gebirgsgeflügel? „Von nix 'ne Ahnung", gibt er mir zur Antwort. „Du bist echt eine Schande für die Gastronomie." Dann zeigt er mir den Fisch, den er morgens gekauft und der tatsächlich so gar nichts Vogeliges an sich hat, und erklärt mir, dass der aus dem Atlantik komme und wegen des Klimawandels inzwischen bis nach Skandinavien hinaufschwimme.

„Was er da wohl will?", frage ich. Ich finde Schweden ja gar nicht soooo doll. Das Bier ist teuer, das Essen ist schlecht. Gut, in der Zeit der Sommersonnenwende soll es schön sein, aber davon haben Fische wenig, es sei denn, sie können fliegen und sich die Sache aus der Luft ansehen. Kann der Adlerfisch aber komischerweise nicht.

„Keine Ahnung, was er da will", sagt Corbinian unwillig, denn die Reisepläne von Speisefischen sind ihm grundsätzlich wurscht.

„Vielleicht denkt der Adlerfisch, dass der Fischgott im Norden wohnt, und möchte ihn besuchen", schlage ich vor.

„Der Fischgott."

„Genau. Der Fischgott."

„Meister, Fische denken nicht, die handeln nur. Der schwimmt nach Norden, weil das Wasser inzwischen warm genug für ihn ist. Capito? Früher war es zu kalt, jetzt ist es warm, und damit basta."

Ich bin da nicht so sicher. „Was ist denn, wenn es wirklich einen Fischgott gibt, und der wohnt auf Kap Fligely?"

„Wo soll das denn sein?"

„Im Franz-Josef-Land."

„Aha. Bayern."

„Falsch. Das ist noch nördlicher als Spitzbergen und gehört zu Russland. Und ich glaube, da will er hin, der Adlerfisch."

Corbinian lässt das Messer sinken, mit dem er sich an dem Adlerfisch zu schaffen macht, und sieht mich an.

„Okay. Der Adlerfisch will zum Fischgott. Und was will er da?"

„Keine Ahnung, nu isses ja auch zu spät, ihn zu fragen", sage ich und deute auf den Fisch.

Da mischt sich Wiggerl ein, der die ganze Zeit schweigend mit seinem Bier an der Theke gestanden hat.

„Der will den Fischgott fragen, warum das Wasser plötzlich so warm ist", sagt Wiggerl. „So sieht's aus."

Keine schlechte Theorie, aber sie macht mich ein wenig traurig. Wenn wir das Klima nicht verändern würden, dann könnte der Adlerfisch immer noch friedlich vor der afrikanischen Küste umherschwimmen. So aber hat er sich auf den Weg nach Norden gemacht, um mal beim Boss nachzufragen, warum es plötzlich so warm ist. Auf halber Strecke hat man ihn gefangen, und nun liegt er hier als neugieriges Opfer des Klimawandels. Wenn Corbinian ihn jetzt nicht gerade so respektvoll behandelte, ich weiß nicht, ob die Geschichte ein gutes Ende bekäme.

OB DER LIEBE GOTT WIRKLICH GEWOLLT HAT,
DASS WIR DAS KLIMA ÄNDERN, DIE MEERE
ÜBERFISCHEN UND GANZJÄHRIG ERDBEEREN ERNTEN?
WIR WISSEN ES NICHT. ABER WIR VERSUCHEN,
VERANTWORTUNGSVOLL MIT DEN FOLGEN
UMZUGEHEN, UND BEHANDELN UNSERE LEBENSMITTEL
MIT DEM GRÖSSTEN RESPEKT.

(18)
MODE-PÜREE

— Gemüse zu pürieren, gehörte zu meinen vordringlichsten Aufgaben im Zivildienst, und ich hätte damals nie für möglich gehalten, dass diese zahnfreundliche Darbietung von Kartoffeln, Sellerie oder Blumenkohl einmal derart in Mode kommen würde, wie wir es gerade erleben.

Tatsächlich ist Püree stark en vogue, ungefähr so wie Karamellgitter auf Desserts oder wie Bio-Limonade. Noch vor wenigen Jahren war der Wok en vogue, dazu der heiße Stein und der Schokoladenbrunnen und der Römertopf. In vielen deutschen Kellern, jedenfalls von Haushalten, in denen gerne gekocht wird, stapeln sich merkwürdige Töpfe und Gerätschaften, die aussehen wie krude Mischungen aus Einhandmixern und Sexspielzeug. Die Außerirdischen, die zweifellos eines Tages bei uns landen und sich die ausgestorbene Erde untertan machen, werden Jahrhunderte brauchen, um herauszufinden, was man mit einer Knoblauchpresse, einer Apfelschälmaschine und einem elektrischen Dosenöffner eigentlich genau anstellt.

Damit sie möglichst viele Nüsse zu knacken haben, machen wir weiterhin jede kulinarische Mode mit. Vor fünf Jahren kam Bärlauch so richtig in Schwung, und ich habe jemanden kennengelernt, der aus dem Stinkekraut ernsthaft Marmelade kochte. Dann folgte Zitronengras und mit ihm Koriander. In Deutschland wird zurzeit kaum noch ein Spiegelei ohne Koriander zubereitet. Das wäre doch vielleicht auch was für diesen Zander. Ich werde es Corbinian aber nicht vorschlagen. Er ist allergisch gegen meine meist törichten Rezeptvorstöße. Und ich werde den Teufel tun, ihm dazu ein schaumiges Sößchen anzudienen. Obwohl es gut passen würde, so ein aufgeschäumtes Koriandersößlein.

ZUTATEN FÜR 4 PERSONEN

FÜR DEN KÜRBIS UND DEN FISCH

2 EL	Olivenöl
2 EL	Butter
1	kleiner Hokkaido-Kürbis, geschält, geviertelt, entkernt und dann in ca. 1 cm dicke Scheiben geschnitten
1 Prise	Zucker
1 Prise	frischer Thymian, gehackt
1 Prise	frischer Majoran, gehackt
4	Zanderfilets mit Haut (ca. 180 g pro Person)

etwas Mehl
etwas trockener Weißwein
4 Scheiben geräucherter Schinken mit Fettrand
(z. B. Schwarzwälder Schinken)
Meersalz
schwarzer Pfeffer aus der Mühle

FÜR DIE APFELBEILAGE

1 EL	Zucker
1	mittelgroßer Apfel (fest, säuerlich), geschält, entkernt, mittelfein gewürfelt

etwas trockener Weißwein

FÜR DAS SELLERIEPÜREE

400 g	Knollensellerie, großzügig von der Schale befreit und grob gewürfelt
1|2 L	Milch
3 EL	Butter
1 Prise	Muskatnuss, frisch gerieben

VORBEMERKUNG

Dies ist wieder so ein Gericht, das, wenn alles gut vorbereitet wurde, relativ schnell fertig ist. Sorgfältige Vorarbeit ist wichtig. Alle Zutaten sollten wie oben genannt griffbereit sein, bevor Sie mit dem eigentlichen Kochen anfangen. Wenn Sie dann noch Schritt für Schritt vorgehen, gelingt es bestimmt.

VOR- & ZUBEREITUNGSZEIT
15 Minuten & 40 Minuten

FISCH

ZANDER MIT SELLERIEPÜREE, KÜRBIS, APFEL UND SPECK

CORBINIAN ZEIGT ZWEI
DER TYPISCHEN HAND-
BEWEGUNGEN SEINER KUNST:
SCHWENKEN UND
SCHNEIDEN. DAS KANN ER IN
EINEM ATEMBERAUBENDEN
TEMPO, WENN ER WILL.
ABER MEISTENS LÄSST ER ES
GANZ RUHIG ANGEHEN.

ZUBEREITUNG

1. SCHRITT: Zubereitung der Apfelbeilage
Den Boden einer Sauteuse (das ist eine kleine Pfanne mit einem hohen Rand) mit Zucker bestreuen, diesen leicht schmelzen lassen, die Apfelstücke zugeben und bei etwas mehr als mittlerer Hitze anbraten. Der Zucker soll nicht braun und die Äpfel nur glasiert werden. Wenn die Apfelstücke nach mehrmaligem Durchwenden nicht mehr hell sind, sondern etwas dunkler (wie ein feuchter Naturschwamm), mit einem Schuss Weißwein ablöschen, mit grobem Pfeffer abschmecken, kurz durchrühren und auskühlen lassen.

2. SCHRITT: Zubereitung des Selleriepürees
Nun wird der gewürfelte Sellerie in leicht gesalzenem Wasser in etwa 20 Minuten richtig weich gekocht und anschließend abgeseiht. Ausreichend langes Kochen ist wichtig, damit der Sellerie seinen leicht muffigen Beigeschmack verliert. Deswegen auch das Kochwasser nie für die Zubereitung des Pürees verwenden! Der weiche Sellerie wird mit einem Kartoffelstampfer oder in der Kartoffelpresse zerdrückt. Die Milch erwärmen (nicht kochen) und nach und nach mit 3 EL Butter unter die zerdrückten Selleriestücke geben, bis die gewünschte Konsistenz erreicht ist. Mit Salz und Muskatnuss abschmecken und warm stellen.

3. SCHRITT: Zubereitung von Kürbis und Fisch
2 EL Olivenöl und 2 EL Butter in einer Pfanne auf mittlere Temperatur erhitzen. Kürbis anbraten und dabei leicht zuckern, salzen und pfeffern. Sobald das Fett Blasen wirft, den Kürbis wenden, mit dem Thymian und dem Majoran bestreuen und an den Rand der Pfanne schieben.
Den Fisch durch das Mehl ziehen, abklopfen, mit der Hautseite nach unten in die Pfanne geben und ebenfalls anbraten. Dabei den Fisch nur auf der Fleischseite salzen und pfeffern. Wenn die Haut schön knusprig geworden ist, Fisch auf die dann wieder in der Pfanne verteilten Kürbisstücke wenden, sodass die Hautseite oben liegt. Kürbis mit einem Schuss Weißwein ablöschen, Pfanne etwas schwenken, damit sich der Wein gut verteilt, und vom Herd nehmen. Nach ca. 2 Minuten sollte der Fisch auf dem heißen Gemüse gar gezogen sein.

4. SCHRITT: Speck braten
Während der Fisch also gar zieht, in einer kleineren Pfanne die 4 Speckscheiben von beiden Seiten kross anbraten.

5. SCHRITT: Servieren
Apfelstücke noch einmal kurz erwärmen, Selleriepüree auf 4 Teller verteilen, Fisch darauf platzieren (mit der Hautseite nach oben), krossen Speck auf den Fisch legen und Apfelstücke neben dem Püree anrichten.

ZUTATEN FÜR 4–6 PERSONEN

1 kg	Krake (etwa), nach Grundrezept, siehe Seite 143, fertig zubereitet
2 EL	Olivenöl
	Meersalz
1 Prise	schwarzer Pfeffer, grob gemahlen
1|2	roter Peperoncino, entkernt und fein gehackt
2 EL	geschälte ganze Mandeln
1|4	frische Ananas, geschält, entkernt und in mundgerechte Stücke geschnitten

etwas trockener Weißwein
1–2 EL gehackte Petersilie oder Koriander

WEINEMPFEHLUNG

voller, saftiger Weißwein (z. B. Chant de Vigne)

ZUBEREITUNGSZEIT

15 Minuten (mit fertig gekochtem Kraken)

FISCH

KRAKE GEBRATEN MIT ANANAS, CHILI UND MANDELN

VORBEMERKUNG

Dieses Gericht ist, wenn Sie den Kraken nach Grundrezept vorbereitet haben, innerhalb weniger Minuten fertig. Es gehört zu den Klassikern auf unserer Karte. Damit können Sie in Ihrem Freundes- oder Bekanntenkreis richtig punkten, bei wirklich geringem Aufwand.

ZUBEREITUNG

Schneiden Sie den Kraken in mundgerechte Stücke und braten Sie ihn bei starker Hitze in dem Olivenöl scharf an. Dabei mit dem Meersalz salzen.

Wenn der Krake etwas Farbe angenommen hat, die Hitze reduzieren. Peperoncino, Mandeln und Ananas zugeben, pfeffern und alles gut durchrühren. Nach 2 Minuten mit einem Schuss Weißwein ablöschen und warten, bis der Wein fast komplett verdampft ist. Mit den Kräutern bestreuen, noch einmal wenden, fertig.

In tiefen Tellern anrichten und mit frischem Baguette oder toskanischem Weißbrot servieren.

(19)
EIN TOAST AUF
AUF
WILMENROD

— Der Wiggerl traut sich was. Kommt rein, stellt sich an die Theke, hinter welcher Corbinian gerade die Ananas für sein Krakenrezept vorbereitet, bekommt sein Bier gebracht und sagt, ohne vorher gegrüßt zu haben: „Chef, i brauch jetza Toast Hawaii." Er hat noch nie etwas bei uns bestellt außer Bier, obwohl wir hier feine Dinge führen. Corbinian tut so, als hätte er nichts gehört.

„Einmal Toast Hawaii", wiederholt Wiggerl. Und dann geschieht, was ich niemals für möglich gehalten hätte: Corbinian wischt sich die Hände ab, verlässt seinen Kochplatz, umschreitet die Theke, nimmt Wiggerl die Flasche aus der Hand und stellt sie ab, zieht ihn am Ärmel und geleitet ihn zur Tür. Er schmeißt ihn raus. Er wirft Wiggerl raus!

„Raus, jetzt reicht's mir. Servus."

Wiggerl ist damit der erste Gast, der jemals bei uns an die Luft gesetzt wurde. Aber streng genommen ist er gar kein Gast, denn er bezahlt sein Bier nie.

„Was ist denn mit dir los?", frage ich ihn, aber Corbinian antwortet nicht und widmet sich wieder seiner Ananas. Schließlich sagt er: „Bei dem piept's wohl. Wir sind doch hier keine Raststätte. Toast Hawaii."

Corbinian ist anderthalb Jahrzehnte jünger als ich, er kennt Toast Hawaii nur als Küchensünde, nicht aber dessen identitätsstiftende Bedeutung für uns Deutsche. Der Toast Hawaii wurde vom ersten deutschen Fernsehkoch Clemens-„Ihr-lieben-goldigen-Menschen“-Wilmenrod vor über fünfzig Jahren erfunden. Ihm soll an dieser Stelle eine kleine Girlande gewunden werden, denn Clemens Wilmenrod war zwar kein ausgebildeter Koch, sondern Schauspieler, aber dennoch dafür geeignet, den Deutschen nach dem Krieg den Spaß am Essen zurückzugeben. Er machte dabei nicht nur den Toast Hawaii zum Fastfood-Renner, sondern etablierte auch viele andere Köstlichkeiten wie zum Beispiel das „arabische Reiterfleisch“, die gefüllte Erdbeere und den Rumtopf, der bis heute in deutschen Speisekammern vor sich hingärt. Niemand anderes als Wilmenrod war somit generationsübergreifender Stifter für den ersten Vollrausch von Millionen von deutschen Kindern, mich inbegriffen.

Clemens Wilmenrod und sein Infrarotgrill Marke „Heinzelkoch“ bekochten elf Jahre lang in Schwarzweiß ihr Fernsehpublikum und sorgten für höchste Einschaltquoten, wenn es „Zwiebelsuppe René“ gab oder „Würstchen mit Austern“ oder wenn Wilmenrod ein ordinäres Schnitzel zum „venezianischen Weihnachtsschmaus“ hochbriet. Bei seinem für heutige Verhältnisse geradezu sträflichen Tun verwendete der Schauspieler ohne Scheu Ketchup, Dosengemüse und andere prekäre Zutaten, und das disqualifiziert ihn natürlich als Vorbild für junge Köche. Und dennoch: Auf eine bestimmte, subtile Weise hat Clemens Wilmenrod auch meinen Freund Corbinian geprägt, denn dessen wunderbare Kombination von herzhaft (Krake) und süß (Ananas) weist genealogisch auf das Genaueste wohin zurück? Jawohl, auf Clemens Wilmenrods Toast Hawaii.

Wiggerl steht traurig vor dem Schaufenster und glotzt hinein wie in ein Aquarium.

„Du, Corbi“, sag ich, „darf ich ihn wieder reinholen?“

„Nein.“

„Ach bitte, er tut mir leid.“

„Normalerweise willst du ihn nicht hier drin haben. Und kaum, dass er mich beleidigt, soll er sich hier breitmachen?“

„Sieh es doch mal so: Letztlich hat er auf seine ganz eigene Art gewürdigt, was du da in deiner Küche treibst, denn im Grunde genommen machst du ja heute Krake Hawaii.“

Wiggerl hat sein Bier dann doch noch austrinken dürfen.

WIR FINDEN: PAPIERSERVIETTEN
SIND ETWAS FÜR KINDER-
GEBURTSTAGE UND CAMPING-
URLAUBE. KLINGT FUNDA-
MENTALISTISCH, MACHT ABER
VIEL FREUDE.

(20)
DAS SIND JAKOBS MUSCHELN

— Vergessen Sie alles, was man Ihnen je über die Herkunft von Jakobsmuscheln erzählt hat. Alles Blödsinn, insbesondere der Eintrag bei Wikipedia, in welchem schamlos behauptet wird, die Muschel habe ihren Namen vom heiligen Jakobus, dem Schutzpatron der Pilger, und die Muschel nenne man auch Pilgermuschel, weil sie im Meer wandere. Das ist natürlich reiner Quatsch, und man möchte mal gerne wissen, was das für Lumpen sind, die sich im Internet herumflegeln und so etwas verbreiten.

Jakobsmuscheln heißen ganz einfach so, weil es sich bei ihnen der Überlieferung nach um Jakobs Muscheln handelt. Zum Glück, denn Jakob klingt eleganter als Wilfried oder Heinz-Torsten. Gut möglich, dass die Dinger als Heinz-Torsten-Muscheln nie so eine große Küchenkarriere gemacht hätten wie als Jakobsmuschel. Die Geschichte ihrer Entdeckung durch Jakob Pögelstock im Jahre 1886 geht so: Jakob Pögelstock war das jüngste von sieben Geschwistern, allesamt wohnhaft in Westertilli auf Pellworm. Die Familie war groß, aber die Insel klein und arm, und so kam es, dass Vater Willi Pögelstock, als es zum Ende ging, nicht recht viel zu vererben hatte.

Das Haus bekam Olaf. Der Kutter, mit dem Willi fünfzig Jahre lang den Lebensunterhalt für seine Familie erwirtschaftet hatte, ging an Björn. Das große Netz erhielt Sven. Hinnerk freute sich immerhin noch über die Apfelbäume hinterm Haus, und John teilte sich mit Dirk die wenigen Möbel, die der Vater selber gebaut hatte. Für Jakob blieb am Ende nur ein Korb mit fächerförmigen Muscheln und das Versprechen, dies seien alles seine Muscheln, und das gelte auch für sämtliche Muscheln, die noch um Pellworm herum im Meer lägen: alles Jakobs Muscheln.

Jakob freute sich sehr – in seiner Kindheit war ihm einmal die Milchkanne auf den Kopf gefallen – und machte sich daran, sämtliche Fächermuscheln der Gegend einzusammeln. Bald wussten alle Fischer in weitem Umkreis, dass diese Muscheln das karge Erbteil des vermeintlichen Dorftrottels darstellten, und brachten ihm halb im Scherz und halb aus Mitleid sonntags alle Jakobsmuscheln, die sie zufällig mit an Land gezogen hatten. Bald war Jakob reich – an Muscheln. Er versuchte zunächst, diese als Fliesen zu verarbeiten, doch der neue Bodenbelag begann nach ein paar Tagen zu riechen.

Eines Tages spielte er mit seinen Muscheln, und es gelang ihm, eine mit seinem Messer zu öffnen. Er probierte den weißen Muskelstrang und stellte fest, dass dieser sich sehr gut essen ließ, besonders mit einem Glas Chardonnay als Begleiter. Dann begann er, Rezepte für die Jakobsmuschel zu ersinnen, eröffnete bald „Jakobs Muschel Point" und machte sich rasch einen Namen als Muschelgriller, zumindest auf Pellworm. Er heiratete Annagret Dübel aus Ostertilli; und baute ein Muschelimperium auf, welches noch immer Bestand hat und heute von seinen schwerreichen Ururenkeln Frithjof und Kevin geleitet wird.

Noch immer gilt der Satz des Urahnen, und nicht wenige Touristen haben ihn gehört, wenn sie von der Wattwanderung mit einer schönen gefächerten Muschel zurückkehrten und die Pensionswirtin beim Anblick der Fundstücke mit dem Finger drohend rief: „Die lasst man schön liegen. Das sind Jakobs Muscheln!"

VORBEMERKUNG

Bereiten Sie sorgfältig alle Zutaten vor. Außerdem ist ein gutes Timing erforderlich. Wenn Sie die Rote Bete vorgekocht haben, geht aber alles relativ schnell und einfach. Gehen Sie einfach Schritt für Schritt vor, das bewahrt Sie vor Kochstress!

VOR- & ZUBEREITUNGSZEIT

15 Minuten & 45 Minuten
plus etwa 45 Minuten Kochzeit für die
Rote Bete

FISCH

ROTE-BETE-RISOTTO MIT GEBRATENEN JAKOBSMUSCHELN UND KRÄUTERCREME

ZUTATEN FÜR 4 PERSONEN

FÜR DIE ROTE BETE

| 1|2 l | Gemüsebrühe (selbst gemacht, siehe Seite 91, oder Instant) |
| 1|4 l | Rotwein |

etwas Aceto Balsamico dunkel
1 Zweig Thymian

| 1 | mittelgroße Rote Bete, geschält und nach Rezept auf Seite 125 vorgekocht |

FÜR DIE KRÄUTERCREME

1 kleiner Becher Crème fraîche
1 Spritzer Zitronensaft
1 Prise Zucker
100 g frische gehackte Kräuter
(Petersilie, Schnittlauch, Thymian)

FÜR DEN RISOTTO

1 l	Gemüsebrühe (selbst gemacht, siehe Seite 91, oder Instant)
6 EL	Olivenöl
2	kleine Schalotten, fein gehackt

1|3 Stängel Staudensellerie, fein gehackt
250 g Risottoreis (z. B. Arborio)
1|4 l trockener Weißwein

| 20 | Jakobsmuscheln (Muskel entfernt, kalt gewaschen und trocken getupft) |

etwas Mehl
5 EL Butter
100 g Parmesan, frisch gerieben
Meersalz
schwarzer Pfeffer aus der Mühle

EIGENTLICH IST KOCHEN GANZ
EINFACH: MAN WÄHLT GUTE ZUTATEN AUS,
BENUTZT ORDENTLICHE WERKZEUGE
UND NIMMT SICH GENUG ZEIT.
BEI RISOTTO KOMMT ES DANN ZU DER
VIEL GERÜHMTEN SCHLOTZIGKEIT.

ZUBEREITUNG

1. SCHRITT: Zubereitung der Roten Bete
1|2 l Gemüsebrühe, Rotwein und Balsamico leicht sprudelnd kochen, den Thymian und die Rote Bete zugeben. Lassen Sie die Knolle etwa 45 Minuten kochen. Wenn Sie wissen wollen, ob die Rote Bete gar ist, stechen Sie mit einem Schaschlikspieß hinein. Wenn sie ohne großen Widerstand durchstoßen werden kann, ist sie fertig. Dann herausnehmen und etwas auskühlen lassen. Anschließend in kleine Würfel schneiden.

2. SCHRITT: Zubereitung der Kräutercreme
Die Crème fraîche, einen Spritzer Zitronensaft, je eine Prise Salz, Pfeffer und Zucker sowie die Kräuter langsam miteinander verrühren. Das Ganze soll noch eine cremige Konsistenz haben; kühl stellen.

3. SCHRITT: Vorbereitung des Risottos
1 l Gemüsebrühe zum Kochen bringen und bei mittlerer Hitze am Köcheln halten. Gleichzeitig in einem zweiten ausreichend großen Topf 4 EL Öl auf mittlere Temperatur erhitzen und darin die Schalotten und den Sellerie weich schwitzen. Sie sollen keine Farbe annehmen!

4. SCHRITT: Zubereitung des Risottos
Den Reis in die Schalotten-Sellerie-Mischung einstreuen und die Temperatur höher schalten. Ab jetzt heißt es immer wieder rühren. Nach etwa einer Minute sollte der Reis etwas glasig geworden sein. Gießen Sie den Wein zu und rühren, bis der Alkohol verflogen ist. Der Reis sollte nun nach Wein, aber nicht mehr nach Alkohol duften.

5. SCHRITT: Risotto fertigstellen
Die Temperatur reduzieren, eine Schöpfkelle Brühe und eine Prise Salz zum Reis geben und rühren. Die Temperatur sollte so gewählt werden, dass der Reis nur zart blubbert. Sobald die Brühe ganz vom Reis aufgesogen ist, wieder nachgießen und rühren. Diesen Vorgang wiederholen Sie immer wieder. Und bitte nicht das Rühren vergessen, denn es verhindert das Anbrennen und setzt vor allem die im Reis enthaltene Stärke frei, was dem Risotto erst zu der gewünschten cremigen Konsistenz, seiner „Schlotzigkeit", verhilft. Der Reis sollte nach etwa 15–20 Minuten weich sein, aber noch Biss haben. Gegebenenfalls noch etwas Brühe nachgießen und weiterrühren.

6. SCHRITT: Vorbereitung der Jakobsmuscheln
Wenden Sie die Jakobsmuscheln in Mehl und klopfen Sie sie anschließend vorsichtig ab. Sie sollen nur von einer dünnen Mehlschicht umhüllt sein.

7. SCHRITT: Risotto ruhen lassen
Den Risottotopf vom Herd nehmen und 3 EL Butter, den Parmesan und die Rote Bete gründlich, aber behutsam unterheben. Deckel auflegen und 2–3 Minuten durchziehen lassen. Dadurch erhält das Ganze eine perfekte cremige Konsistenz.

8. SCHRITT: Zubereitung der Jakobsmuscheln
Während der Risotto-Ruhezeit die Jakobsmuscheln in einer beschichteten Pfanne in einer Mischung aus 2 EL Olivenöl und 2 EL Butter bei etwas mehr als mittlerer Temperatur kurz anbraten. Die Muscheln sollen nur etwas Farbe annehmen und innen noch glasig sein.

9. SCHRITT: Servieren
Den Risotto auf 4 Teller verteilen, die Jakobsmuscheln darauf anrichten und alles mit der Kräutercreme beträufeln.

VORBEMERKUNG

Nehmen Sie einen Lachs aus Wildfang oder aus einer Bio-Aquakultur. Die normalen Lachse sind wegen ihres hohen Fettanteiles und der in der konventionellen Zucht üblichen Gaben an Antibiotika wirklich nicht zu empfehlen.

Dieses Gericht ist eigentlich einfach in der Herstellung, erfordert aber einen kleinen Vorlauf und eine sorgfältige zeitliche Abstimmung. Deswegen sollten alle Zutaten fertig vorbereitet sein, bevor Sie mit dem eigentlichen Kochen anfangen. Das Pesto können Sie auch schon am Tag vorher zubereiten, dann zieht es noch etwas mehr durch.

FISCH

LACHS MIT BLUMENKOHL-PÜREE, BASILIKUM-CASHEW-PESTO UND TOMATEN

ZUTATEN FÜR 4 PERSONEN

FÜR DAS PESTO
2 EL   Cashewbruch
6 EL   Olivenöl
100 g   Basilikum
2 EL   Parmesan, frisch gerieben

FÜR DAS PÜREE
200 g   mehlige Kartoffeln
200 g   Blumenkohlröschen
1|4 l   Milch (ca.)
2 EL   Butter
etwas frisch geriebene Muskatnuss

FÜR DEN FISCH
2 EL   Olivenöl
1 EL   Butter
2   kleine Schalotten, fein gehackt
4   Lachsfilets von je etwa ca. 150 g,
           küchenfertig filetiert, aber mit Haut
etwas trockener Weißwein
8   kleine Cocktail-Strauchtomaten,
           geviertelt
Meersalz
schwarzer Pfeffer aus der Mühle

(21)
ODE
AN EINEN
FISCH

VOR- & ZUBEREITUNGSZEIT
30 Minuten & 15 Minuten

ZUBEREITUNG

1. SCHRITT: Zubereitung des Pestos
Den Cashewbruch in einer beschichteten
Pfanne mit einer Prise Meersalz vorsichtig und
gleichmäßig anrösten. Anschließend 4 EL
Olivenöl, eine gute Prise Meersalz, das Basilikum, die abgekühlten gerösteten Nüsse und
den Parmesan mit dem Mixstab oder im Blitz-
hacker miteinander gut vermengen, sodass
eine homogene Masse entsteht. 2 EL Olivenöl
einrühren und mit etwas Salz abschmecken.

2. SCHRITT: Zubereitung des Pürees
Nun werden die Kartoffeln in der Schale in
leicht gesalzenem Wasser weich gekocht und
anschließend geschält. Gleichzeitig die Blumenkohlröschen ebenfalls in leicht gesalzenem Wasser weich, aber nicht matschig
kochen.
Beides zusammen mit einem Kartoffelstampfer zerdrücken oder durch eine Kartoffelpresse
geben. 1|4 l Milch erwärmen (nicht kochen),
anschließend die warme Milch mit 2 EL Butter
unter die Kartoffel-Blumenkohl-Mischung rühren, bis die gewünschte Konsistenz erreicht ist.
Mit Salz und Muskatnuss abschmecken und
warm stellen.

3. SCHRITT: Zubereitung des Fischs
2 EL Olivenöl und 1 EL Butter in einer Pfanne
auf mittlere Temperatur erhitzen und die Schalotten zugeben. Sobald sie glasig sind, die
gesalzenen und gepfefferten Lachsfilets mit der
Hautseite nach unten anbraten. Wenn die
Haut schön knusprig geworden ist, kurz aus
der Pfanne nehmen, die Tomaten und den
Weißwein in die Pfanne geben und die Fischfilets mit der Hautseite nach oben auf diese
Mischung legen. Nach ca. 2 Minuten sollte
der Fisch gar gezogen sein.

4. SCHRITT: Anrichten
Den Fisch auf dem Püree anrichten, daneben
die Tomaten verteilen. Den Fisch mit dem Pesto
überträufeln.

WIR LEGEN WERT DARAUF, DASS
DIE GÄSTE SEHEN, WIE CORBINIAN
KOHN ARBEITET UND WOMIT
ER ARBEITET. WER IHM ZUSCHAUT,
MERKT BALD: ORDNUNG IST
DAS HALBE LEBEN, GENUSS IST
DIE ANDERE HÄLFTE. DAMIT BEIDES
AM ENDE ZUSAMMENKOMMT,
BRAUCHT ES EIN GEWISSES
ORGANISATIONSTALENT.

— Hurra: Die Lachswanderung hat begonnen. Sie startet in Corbinians Pfanne, von welcher aus der Lachs auf den vorgewärmten Teller wandert, um dann von Sebastian durchs Marcipane getragen und an meinem Platz abgestellt zu werden. Ich freue mich immer darüber, denn ich mag Lachs in jeder Variation, die sich nur denken lässt, auch weil man dazu so schön Weißwein trinken kann. Lachs und Weißwein ist wie Lakritz und Stange, wie Frucht und Punsch, wie Ferien und Liebe.

Meine Begeisterung angesichts dieses Lachses da auf meinem Teller hat fast gar keine Grenzen und lässt sich allerhöchstens mit jener Euphorie vergleichen, die ein deutscher Außenminister zu entfachen imstande ist, wenn er auf den Balkon der Prager Botschaft tritt. Für mich ist Lachs gleich Genscher. Mein Jubel könnte nur noch größer sein, wenn ich mir ausmale, dass ein Lachs in einem gelben Pullunder auf den Balkon der Botschaft tritt und spricht: „Ich bin heute Abend zu Ihnen gekommen, um Ihnen mitzuteilen, dass ich mich gleich in Corbinian Kohns Pfanne begeben werde." Schon beim Gedanken daran könnte ich: total ausrasten.

(22)
BRAMBURI MIT BRIMBORIUM

— Dorade, dachte ich früher immer, hätte was mit Schach zu tun. Aber ich habe Andalusier auch nie für Pferde gehalten, sondern für Apfelsinen, und einen Palstek für ein gutes Stück Fleisch. Schön ist es, wenn sich derlei Missverständnisse klären, zumal sich die Lebensqualität sehr deutlich hebt, wenn man auf die Frage, ob man eine Dorade wünsche, endlich nicht mehr antwortet: „Danke sehr, aber das ist mir in meiner derzeitigen Lebenssituation zu heikel."

Natürlich weiß ich schon sehr lange, was eine Dorade ist, aber was ich noch nicht so lange weiß, ist, dass es dasselbe Tier ist wie die Goldbrasse. Klingt aber besser. Dorade hat was Adliges, mindestens etwas Exotisches, die Goldbrasse hört sich trotz des Edelmetalls ein bisschen nach Baggersee an. Dabei kommt der Fisch aus dem Mittelmeer und hat gegenüber dem Menschen den wesentlichen Vorzug, zweigeschlechtlich zu sein, was einem im Alltag zwar Ärger erspart, abendliche Verabredungen aber nicht spannender macht.

Jedenfalls lässt sich Dorade besser auf die Tafel schreiben als Goldbrasse. Möglich, dass es Gäste gibt, die dann sagen: „Och nööö, Goldbrasse lieber nicht. Wenn ihr doch nur Dorade hättet."

Andere Lebensmittel mit noch uncooleren Namen haben seit Jahren unter ihrem Image zu leiden, die Kartoffel zum Beispiel. Sie hört daher bei uns ab sofort wie in Niederösterreich auf den geheimnisvollen Namen „Bramburi". Wird dieser gestampft und mit Sahne verrührt, so nennen wir dies auch nicht mehr „Kartoffelpüree", sondern „Bramburimark an Rahmspiegel", wobei wir „Bramburi" mit einem leicht französischen Akzent sprechen.

Aus diesem Rezept wird durch solche Zauberei „Dorade d'or mit Röschenspiel vom Brokkoli an Bramburi-Allerlei unter Limettenjus". Ich denke, wir benötigen eine längere Tafel, damit das alles draufpasst. Und wir müssen die Preise erhöhen, um mindestens 20 Prozent, würde ich sagen. Das sollte den Leuten so ein Kunstwerk schon wert sein.

VORBEMERKUNG

Zesten sind feine Streifen der äußersten Schicht der Limettenschale. Sie werden am einfachsten mit einem sogenannten Zestenreißer abgeschält. Ersatzweise geht auch ein Sparschäler, dann müssen Sie die Schalen vor dem Hacken erst noch in ganz feine Streifen schneiden. Wichtig ist, dass möglichst nur die grüne Schale ohne die weiße Zwischenschale abgeschält wird. Nur so haben Sie den reinen, frischen Fruchtgeschmack ohne die Bitterstoffe, die in der weißen Haut stecken.

VOR- & ZUBEREITUNGSZEIT

30 Minuten & 15 Minuten

FISCH

DORADE MIT BROKKOLIPÜREE, TOMATEN UND LIMETTENSAUCE

ZUTATEN FÜR 4 PERSONEN

FÜR DAS BROKKOLIPÜREE

400 g	fertig geputzte Brokkoliröschen
4 EL	Butter
1|8 l	Sahne
1 Prise	frisch geriebene Muskatnuss

FÜR DIE SAUCE

100 ml	Fischfond
1|8 l	Sahne
Saft und fein gehackte Zesten einer Limette	

FÜR DEN FISCH

2 EL	Olivenöl
4	Doradenfilets á 150–200 g
4	Cocktail-Strauchtomaten, klein gewürfelt
1 EL	fein gehackte glatte Petersilie
2 EL	Butter, eiskalt
Meersalz	
schwarzer Pfeffer aus der Mühle	

ZUBEREITUNG

Brokkoli in kochendem Salzwasser ca. 8 Minuten weich, aber nicht matschig kochen und abgießen. Brokkoli zusammen mit 4 EL Butter, 1|8 l Sahne, Salz und Pfeffer im Mixer kurz pürieren (das Püree sollte noch kleine Stückchen enthalten), mit Muskatnuss abschmecken und warm stellen.

Für die Sauce den Fischfond in einer beschichteten Pfanne kurz einreduzieren, 1|8 l Sahne und Limettensaft sowie Zesten zugeben. Die Sauce einmal aufwallen und anschließend nur noch köcheln lassen.

Olivenöl in einer beschichteten Pfanne erhitzen, darin die gesalzenen und gepfefferten Fischfilets auf der Hautseite anbraten, bis die Haut knusprig ist. Tomatenwürfel und Petersilie zugeben, salzen und pfeffern, und die Fischfilets auf die Tomaten wenden. 2–3 Minuten auf den Tomaten gar ziehen lassen.

Brokkolipüree auf 4 Tellern verteilen, den Fisch darauflegen und mit den Tomatenwürfeln umlegen.

Die Sauce vom Herd nehmen, die 2 EL eiskalte Butter einrühren, mit dem Pürierstab kurz schaumig schlagen und dann mit einem Löffel über die Filets träufeln.

NIEMAND HAT GEZÄHLT, WIE
OFT DIESE TÖPFE SCHON AUS DEM
REGAL GENOMMEN, BEFÜLLT,
GESPÜLT UND WIEDER INS REGAL
GESTELLT WURDEN. GANZ SICHER
SCHON TAUSENDE MALE. WENN
ES NACH UNS GEHT, HÖRT DIESER
KREISLAUF NIEMALS AUF.

ZUTATEN FÜR 4 PERSONEN

4 EL	Butter
800 g	Lotte (auch Seeteufel genannt), küchenfertig und in etwa daumendicke Scheiben geschnitten
1 Handvoll Salbeiblätter
2 EL	Rosinen
2 EL	Rauchmandeln (oder in der Pfanne geröstete Mandeln)

Meersalz
schwarzer Pfeffer aus der Mühle

FÜR DIE POLENTA

1|4 l	Milch
1|4 l	Gemüsebrühe (selbst gemacht, siehe Seite 91, oder Instant)
200 g	Polenta (Maisgries)
2 EL	Butter
2 EL	schwarze Oliven, grob gehackt
100 g	Parmesan, frisch gerieben

FISCH

LOTTE GEBRATEN IN SALBEIBUTTER MIT ROSINEN, MANDELN UND OLIVENPOLENTA

ZUBEREITUNG

Für die Polenta die Milch mit der Gemüsebrühe vorsichtig zum Kochen bringen und die Polenta einrühren. Dann etwa 15 Minuten ausquellen lassen. Wird sie zu fest, einfach etwas Wasser oder Milch zugeben. Am Schluss 2 EL Butter, die Oliven und den Parmesan unterziehen und die Polenta auf Warmhaltestufe durchziehen lassen.

Während die Polenta ruht, erhitzen Sie 4 EL Butter in einer Pfanne auf mittlere Hitze, salzen und pfeffern die Lottestücke auf beiden Seiten und braten sie an. Nach etwa 2 Minuten wenden und dabei die Salbeiblätter zugeben. Die Hitze etwas reduzieren und die Lotte gar ziehen lassen.

Zuletzt die Rosinen in die Pfanne geben, damit sie etwas Temperatur annehmen.

Die fertig gebratene Lotte auf der Polenta anrichten, mit der Salbeibutter übergießen und den Rosinen sowie den Rauchmandeln bestreuen.

VORBEMERKUNG

Lotte ist ein sehr edler Fisch mit ausgesprochen festem Fleisch. Außerdem weist er lediglich eine stark ausgeprägte Rückengräte auf, die wie ein Rückgrat wirkt. Ansonsten ist er grätenfrei. Zum Kurzbraten eignet er sich perfekt. Deswegen sollten Sie ihn bei dem nachfolgenden Rezept erst gegen Schluss zubereiten und alles andere gut vorbereiten.

VOR- & ZUBEREITUNGSZEIT
20 Minuten & 15 Minuten

(23)
DIE GELBE GEFAHR

AUF DIE DETAILS KOMMT ES AN.
CORBINIAN IST ZIEMLICH
GESCHICKT DARIN, MIT KLEINEN
HANDGRIFFEN GROSSE
WIRKUNG ZU ERZIELEN. DAS GEHT
AM BESTEN, WENN MAN
NICHT TÄGLICH HUNDERTE VON
TELLERN ANRICHTET.

— Unser allseits bewunderter deutscher Chefdichter und Naturwissenschaftler Johann Wolfgang von Goethe besaß eine bemerkenswerte und schon oft beschriebene Beobachtungsgabe. So fiel ihm auf einer seiner Reisen auf, dass die Bewohner des Trentino insgesamt zu einer gelblichen Haut neigten, was er auf den massenhaften Konsum der ebenfalls gelblichen, weil aus Mais bestehenden Polenta zurückführte.

Goethe hatte nicht ganz unrecht. Heute weiß man, dass diese Leute womöglich unter Pellagra litten, einer durch Vitaminmangel herbeigeführten Erkrankung. Diese kam früher häufig genau dort vor, wo viel Mais gegessen wurde, denn das darin enthaltene Niacin kann vom Körper nicht verwertet werden. Man sollte sich also nicht alleine von Polenta ernähren, sonst wird man zum Gegenstand von Goethes Farbenlehre.

Polenta war aber nicht nur wegen der dadurch verursachten niacinreichen Ernährung ein Problem. Um diesen scheinbar simplen Maisbrei herzustellen, war mindestens ein starker Arm erforderlich, dazu Zeit und Geduld. Zunächst musste man Maisgrieß in kochendes Salzwasser einrühren und anschließend eine geschlagene Stunde lang die immer zäher und schwerer werdende Masse im Polentatopf umrühren, damit sie nicht anbrannte und eine angenehme Konsistenz erhielt. Je nachdem, wie groß die Familie war, benötigte man dafür abwechselnd zwei bis vier schlecht gelaunte Söhne. Dann ließ man die Masse erkalten, schnitt sie mit einer Schnur in Scheiben und briet sie. Polenta war, wie man heute sagen würde, ein ziemlicher Akt.

Heute geht das alles viel einfacher und schneller. Und Polenta ist auch nicht mehr sehr in Mode, sodass man sie frei von schlechtem Gewissen bei uns bestellen kann. Niemand hat sich in der Vinoteca Marcipane dafür halbtot gerührt, und für ausreichende Nährstoffzufuhr ist schon dadurch gesorgt, dass es dazu Fisch gibt. Goethe wäre begeistert.

(24)
DER SELTSAME GAST

— Meistens ist es voll bei uns, erst recht wenn Corbinian den bereits besprochenen siebenarmigen Starnberger-See-Kraken auf der Tafel hat. Der ist ein richtiger Renner. Wir kennen Gäste, die schon mittags anrufen und fragen, ob er abends Krake habe. Nicht selten öffnet sich dann die Tür im Minutentakt, und kregele Kunden kommen „Krake" krakeelend herein. Wir freuen uns darüber, ein wirklich angenehmes Publikum zu haben, nur nette Leute, die unser Lokal und Corbinians Kunst zu schätzen wissen und den Koch in Stimmung bringen. Corbinian ist bester Laune, wenn er viel zu tun hat, wenn alle Plätze belegt sind und sämtliche Felder seines Herdes auf Hochtouren heizen, wenn er mit einem Arm schwenkt und mit dem anderen Arm würzt, mit dem dritten Arm schneidet, mit dem vierten was notiert, mit dem fünften die Temperatur regelt, mit dem sechsten Fond nachgießt und mit dem siebten anrichtet. Manchmal denke ich, dass er selber ein Krake ist. Auf jeden Fall kommt Corbinian gut drauf, wenn andere aufgeben würden. Er liebt seine Küche, sein Essen und seine Gäste, besonders wenn diese anspruchsvoll sind. Nur einmal war das anders.

Das war aber auch wirklich ein unangenehmer Typ, der da in der Ecke saß. Nicht alt, nicht jung und vor allen Dingen nicht nett. Erschien mit einer attraktiven Frau, was hinterher das Beste war, was man über ihn sagen konnte. Kam grußlos herein, setzte sich ohne platziert worden zu sein, verlangte barsch eine Weinkarte, die es bei uns nicht gibt. Wir empfehlen lieber, finden das aufmerksamer und glamouröser. Jedenfalls bestellte die Type zum Essen die teuerste Flasche Rotwein, die wir haben. Ohne Beratung, denn darauf schien er keinen Wert zu legen. Er wollte auch gar nicht wissen, worum es sich bei dem Wein handelte. Er sagte einfach: „Bringen Sie mir den teuersten." Sebastian, der unser Kellner ist und der gutmütigste Mensch der Welt – manchmal habe ich Angst um ihn, aber egal – dieser Sebastian, dessen Name „der Ehrwürdige" bedeutet und der sich mit ebensolcher Lässigkeit im Lokal bewegt, jener Sebastian brachte dem Mann die Flasche, öffnete sie am Tisch, goss einen Schluck ein und zeigte das Etikett. Der Mann spülte die Pfütze ohne erkennbare Kennerrituale oder wenigstens Freude hinunter und erklärte, der Wein sei ihm zu warm. Man möge die Bouteille für ein paar Minuten ins Eis legen.

Sebastian wunderte sich, nahm die Flasche und legte sie ins Eis, was Corbinian mit hochgezogenen Augenbrauen bemerkte. Aber der Gast ist König, und wenn jemand seinen Wein lieber kalt trinkt oder mit einem Strohhalm oder vermischt mit Cola, so soll er das machen. Wir servieren auch Milchkaffee abends um zehn Uhr, obwohl mir das nicht passt. Ich finde, man muss Leute auspeitschen, die spätabends Latte Macchiato trinken, aber damit habe ich mich nicht durchsetzen können. Corbinian findet, dass es schlecht für das Geschäft ist, wenn man seine Gäste öffentlich züchtigt. Vielleicht hat er recht, doch an diesem Abend mit diesem Burschen war er selber kurz davor.

Die Suppe kam postwendend zurück in die Küche, denn der Gast fand sie nicht rot genug, was bei einer Karotten-Ingwer-Suppe ein zumindest diskutables Anliegen ist. Corbinian färbte sie mit Rote-Bete-Saft, und Sebastian trug sie wieder an den Tisch. Der Mann bestellte einen zweiten und einen dritten Korb Brot, was

Sebastian postwendend erledigte, denn wenn wer Hunger hat, dem gibt man Brot, selbst wenn noch zwei Gänge folgen. Die Entenbrust auf dem Salat befand der Mann als zu mild, die Thymiancroutons als zu salzig.

Als Sebastian die ausgekühlte Flasche, immerhin einen 2005er Chambolle Musigny Premier Cru, nach einigen Minuten wieder an den Tisch brachte, war dem Herrn der Wein zu kalt, was mich überhaupt nicht wunderte. Er instruierte Sebastian, die Flasche nun unter einem Strahl heißen Leitungswassers aufzuwärmen.

Als Corbinian das sah, verließ er seinen Platz und verschwand in der Spülküche. Ich ging ihm hinterher.

„Was ist denn?"

„Hast den Bazi gesehen? Die Hemoridnbritschn in der Eckn, die herglaffane."

Wenn er sich aufregt, geht das Bayerische mit ihm durch, das muss genetisch sein. Corbinian ist ein sehr moderner, eher kosmopolitischer Mensch. Er hat in Spitzen-restaurants gekocht. Er kennt sich aus mit Umgangsformen und sieht umwerfend aus, wenn er einen Anzug trägt. Er ist nicht so, wie Sie jetzt vielleicht meinen, ganz und gar nicht. Ich versuchte, ihn zu beruhigen, da kam Sebastian rein und sagte dummerweise den einzigen falschen Satz, den man in diesem Moment hätte sagen können. Er sagte: „Der Herr am Einser sagt, ihm sei der Krake zu weich."

„Ja, Himmiherrgottsakramentkruzefixhallelujamileckstamoaaschscheißglump-varregts! So a schiacher Zapfn."

Schiach heißt hässlich, Zapfn weiß ich nicht so genau, aber man kann es sich den-ken. Ich legte Corbinian die Hand auf die Schulter und sagte: „Lass doch, der Typ isst auf, zahlt und geht, und die Sache ist ausgestanden."

„Der geht net, den bringium, den Gschaftlhuaba, den Hosnbiesler, die Brunzkache!"

Ich überredete ihn schließlich, wieder auf seine Position zu gehen und zu kochen. Schließlich waren auch noch andere Gäste da. Aber ich behielt Corbinian im Auge. Von seinem Herd aus kann er den Ecktisch nur sehen, wenn er sich weit vorlehnt. Das machte er nun von Zeit zu Zeit, ein großes Messer in der Hand.

In jedem guten Mafiafilm existiert eine Szene, in der ein Opfer nichts ahnend im Restaurant sitzt und sich schlecht benimmt. Alle Kinozuschauer wissen, dass dieser Figur ein baldiges und drastisches Ende bevorsteht, was die Szene umso packender und unterhaltsamer macht. Auch unser Gast wähnte sich keineswegs in Lebens-gefahr und reklamierte das Mineralwasser, das ihm zu wenig Kohlensäure für ein stilles Wasser enthielt. Corbinian drohte mir mit einer seiner schweren Qualitäts-pfannen. Ich senkte beschwichtigend die Hände: Langsam, langsam, mach jetzt nichts Unüberlegtes. Andererseits bin ich der Meinung, dass wenn man schon erschlagen wird, wenigstens eine gute Markenpfanne zum Einsatz kommen sollte. Es adelt den Schädel des Betroffenen.

Zwanzig Minuten später zahlte der seltsame Mann, nachdem er seinen Milchkaffee ausgetrunken und Sebastian für seinen aufmerksamen Service genau 7 Cent Trink-geld überlassen hatte. Er verließ grußlos die Vinoteca und kehrte nie mehr zurück. Ich bin ganz sicher: Einen zweiten Besuch bei uns hätte er nicht überlebt.

ZUBEREITUNG

Die Kraken in einen ausreichend großen Topf geben, mit Wasser aufgießen, bis sie schwimmen. Wasser salzen und zuckern, den Balsamico, das Lorbeerblatt und die Chilischote (einmal durchgebrochen, mit Kernen) dazugeben und auf den Herd stellen. Das Wasser zum Kochen bringen und alles etwa 15–20 Minuten richtig kochen lassen (das Wasser muss schäumen). Anschließend die Herdplatte ausschalten und den Topf dort ungefähr 2 Stunden abgedeckt abkühlen lassen.

Danach testen, ob der Krake durch ist. Dafür gibt es zwei Methoden: Entweder nehmen Sie eine Fleischgabel und heben damit den Kraken aus dem Wasser. Wenn er bei schräg gehaltener Gabel leicht heruntergleitet (bei etwas mehr als 45 Grad Schräglage), ist er durch.

Die zweite Methode ist denkbar einfach: Sie legen einen Arm des Kraken zwischen Daumen und Zeigefinger und versuchen, ihn mit der Fingerspitze des Daumens abzutrennen. Gelingt dies ohne großen Kraftaufwand, ist der Krake ebenfalls durch.

Vor der weiteren Verarbeitung sollte der Krake in einem Sieb, abgedeckt von einem feuchten Tuch, auskühlen und kann anschließend luftdicht (z. B. in Haushaltsschüsseln mit Deckel) im Kühlschrank verstaut werden. Dort kann man ihn ohne weiteres bis zu zwei Tagen aufbewahren.

VOR- & ZUBEREITUNGSZEIT

15 Minuten – Kochzeit etwa 20 Minuten plus 2 Stunden Abkühlzeit

FISCH

GRUNDREZEPT KRAKE

VORBEMERKUNG

Krake steht in allen möglichen Variationen ganz regelmäßig auf unserer Karte. Wir haben schon öfter versucht, die Taktung etwas zu verlängern, was aber regelmäßig zu Protesten unserer Stammkunden geführt hat. Krake ist also im „Marcipane" inzwischen ein absolutes Muss. Deswegen hier das Grundrezept, das als Basis für vielfältige Variationen dient. Übrigens: Ein Krake sollte beim Kauf nicht rot oder rosa sein, sondern eher eine steingraue Farbe aufweisen. Dann ist er frisch. Die Verfärbung stellt sich erst beim Kochen ein.

ZUTATEN FÜR 6 PERSONEN

2	Kraken (jeweils zwischen 800 g und 1 kg)
6 cl	Aceto Balsamico dunkel
1	Lorbeerblatt
1	Chilischote
1 kleiner TL Zucker	
1 gehäufter EL Salz	

FLEISCH

(25)
GNOTTSCHI MIT RADITTSCHO

— München und sein Umland sind berühmt für eine ganz eigene Klientel, was Gastronomie, schöne Geschäfte und kulturelle Veranstaltungen betrifft. Man spricht hier oft und nur scheinbar herablassend von der sogenannten Bussigesellschaft, die man als solche natürlich ablehnen, die man jedoch ebensogut für ihren manchmal erfrischend derben Humor lieben kann und ohne die man bei ehrlicher Betrachtung des Sachverhaltes überhaupt nicht auskommt. Sie gehört hier in der Gegend zur Folklore wie der Gamsbart und das Weißbier, an das man sich als zugezogener Rheinländer ja auch irgendwann gewöhnt.

Zu den hervorstechendsten Eigenschaften dieser früher einmal von neidischen Langweilern als Schickimickis gebrandmarkten gesellschaftlichen Gruppe gehört ihre eigene Sprache. Legionen von italienischen Kellnern haben bereits versucht, ihren Münchner Gästen beizubiegen, wie man diese winzigen hellen Klößchen ausspricht, nämlich Njòcki und eben nicht: Gnottschi. Aber es ist vergeblich, denn die gehobene Münchner Gattin will echt überhaupt nicht wissen, wie man Gnocchi richtig ausspricht, sie will sie nur schleunigst auf dem Tellerchen haben, gerne mit Radittscho und einem Gläschen Grietscho.

Wir haben schon lange aufgehört, uns darüber zu wundern. Inzwischen ist es uns ziemlich egal. Eigentlich finden wir es ehrlich gesagt lustig, so lustig wie die Telefongespräche, die man manchmal mithört. Bei uns ist das Telefonieren zwar so unerwünscht wie das Rauchen, aber hier und da kommt es doch dazu, und zumindest kurze Gespräche tolerieren wir.

Neulich saß eine Frau am Nebentisch, die mit dem ganzen Ernst, zu dem ihr maskenhafter Mund in der Lage war, sagte:

„Naaa, Schnuppi, i bin nimmer in Lukano, i bin in München. Naa, der Hermann hat doch a Boot hier. In Starni, ja, was? I ess jetzt grad a Bruschtschetta, und dann muss i zur Traudl, weil die hat so Mostschino-Gürtel. Wie? Ja, hab i schon, aber net in Türkis. Du, i muss Schluss machen, da kommt mei Prosetscho. Ja, du auch, Bussi, Ciaoservus."

Wer so etwas noch nie live gehört hat, der hat umsonst gelebt.

ZUBEREITUNG

Das Fleisch von allen Seiten mit Meersalz und dem grob gemahlenem Pfeffer einreiben. Anschließend in einer Mischung aus Olivenöl und Ghee oder Butterschmalz bei mittelstarker Hitze in einem Schmorbräter von allen Seiten scharf anbraten, damit sich die Poren schließen. Das Fleisch kann dabei ruhig leicht braun werden.

Wenn alle Seiten angebraten sind, den Bratensatz mit 1|4 l Rotwein ablöschen und den Topf vom Herd nehmen. Anschließend verteilen Sie die Schalotten, den Knoblauch und die Lorbeerblätter zusammen mit dem Suppengrün um das Fleisch im Topf und gießen Gemüsebrühe an. Das Fleisch soll gut zur Hälfte bedeckt sein. Mit einem Deckel schließen und bei ca. 180°C (Umluft) für etwa 1 Stunde in den vorgeheizten Ofen schieben. Das Fleisch ist fertig, wenn es mehr oder weniger allein vom Knochen fällt.

Wenn es gar ist, das Fleisch von den Knochen lösen, den Bratensaft durch ein Sieb in eine Pfanne abgießen. Diesen Saft bei mittlerer Temperatur etwas einkochen lassen, das Fleisch und die Gnocchi (ungekocht!) hineingeben, die Hitze reduzieren und nur noch etwas köcheln. Den frischen Thymian von den Zweigen lösen und die Blättchen zugeben, mit Salz, Pfeffer und der Balsamicocreme abschmecken. Zum Schluss mit 2 EL eiskalter Butter binden.

Das Ganze dann in tiefen Tellern (Pastateller) anrichten, mit dem Parmesan bestreuen und mit einem Klecks Preiselbeeren in einem separaten Schüsselchen servieren.

VOR- & ZUBEREITUNGSZEIT

15 Minuten & 10 Minuten
plus 1 Stunde Schmorzeit

ZUTATEN FÜR 4 PERSONEN

500 g Fasanenkeulen mit Knochen, ohne Haut
700 g Kaninchenkeulen und -schultern, mit Knochen, ohne Haut
2 EL Olivenöl
2 EL Ghee (Butteröl) oder Butterschmalz
1|4 l trockener Rotwein
4 kleine Schalotten, halbiert, mit Schale
2 Knoblauchzehen mit Schale
2 Lorbeerblätter
1 Bund Suppengrün (Karotte, Sellerie, Petersilie, Lauch)
1|4 l Gemüsebrühe (selbst gemacht, siehe Seite 91, oder Instant)
500 g möglichst kleine (haselnussgroße) frische Gnocchi (die bekommen Sie in sehr guter Qualität frisch oder vakuumiert beim italienischen Feinkosthändler)
4 Zweige Thymian
1 TL Balsamicocreme dunkel
2 EL Butter, eiskalt
8 EL Parmesan, frisch grob gerieben
4 EL Preiselbeeren aus dem Glas
Meersalz
schwarzer Pfeffer, grob gemahlen

TIPP

Wunderbar einfache toskanische Küche ohne Schnickschnack. Dieses Gericht lässt sich perfekt vorbereiten – wenn Sie wollen, auch schon am Vortag – und ist dann im Handumdrehen fertig.

Die Gnocchi gleich in die Soße zu geben, hat drei Vorteile: Erstens kleben sie nicht zusammen, zweitens geben sie Stärke ab und tragen damit zur besseren Bindung (Stärke taugt aber nicht in – wortwörtlich – jeder Beziehung zu einer besseren Bindungsfähigkeit!) der Sauce bei, und drittens müssen Sie einen Topf weniger spülen.

FLEISCH

FASANEN-KANINCHEN-RAGOUT MIT GNOCCHI, PARMESAN UND PREISELBEEREN

(26)
ROTWEIN-
SAUCE

— Eine der am häufigsten gestellten Fragen in der guten Küche ist jene nach dem Rotwein fürs Kochen. Soll man einen besonders guten nehmen, um ihn zu einer feinen Sauce einköcheln zu lassen? Bedarf es unbedingt eines Klasseweins für diese nach Maßstäben eines Trinkers unverzeihliche Verschwendung? Sagen manche ja, immerhin war das Fleisch auch teuer. Andere Hobbyköche verwenden ganz einfach den Wein, den sie später zum Essen trinken wollen. Dieses Verfahren birgt das Risiko, dass von diesem Wein später beim Essen nix mehr übrig ist, weil der eine Teil verkocht und der andere auf merkwürdige Weise irgendwie ebenfalls verschwunden ist. Bleibt die dritte Möglichkeit: Man verwendet zum Einreduzieren, was man irgendwie noch im Haus hat und nicht unbedingt dringend trinken will. So halten es die meisten Köche, wie ich bei einer kleinen Umfrage herausgefunden habe.

Aber wie macht es denn nun Corbinian, der für mich in diesen Angelegenheiten Maßstab und Vorbild sein soll? Das kann ich Ihnen sagen, und ich hoffe, Sie reagieren ähnlich empört wie ich. Der feine Herr Kohn macht seine Saucen – halten Sie sich fest – mit just genau jenen Weinen, die ich ihm aus dem Urlaub mitbringe! So. Habe ich ihn bei ertappt.

Letzten Sommer schleppte ich ihm einen ganzen Karton herrlichen toskanischen Rotweins persönlich und unter Schmerzen über die Alpen, was nicht unbeschwerlich war, wie ich an dieser Stelle ganz nebenbei bemerken möchte. Ich brachte ihm also den Chianti und bat ihn, zu probieren, ich sei ganz stolz auf diese Entdeckung. Er hatte aber keine Zeit, er hat nie Zeit für so etwas. Zwei Tage später kam ich mittags ins Geschäft, um eine Kleinigkeit zu essen. Ich lobte ihn überschwänglich für die tolle Rotweinsauce und fragte ihn, auf welcher Basis er sie hingezaubert habe. Er antwortete ausweichend.

Später tauchte ich überraschend in der Küche auf, als er dieselbe Sauce für den Abend ansetzte. Und was sah ich da, wobei erwischte ich ihn in flagranti? Beim Ausschütten der sechsten Flasche des ihm von mir geschenkten Chiantis. Meine Stimmung köchelte ein zu einer säuerlichen Launen-Essenz. Er entschuldigte sich nicht einmal, sondern behauptete, dieses Schicksal sei für so einen Wein das richtige. Die Sauce, die ich so gelobt habe, sei absolut das Beste, was man aus diesem Wein überhaupt machen könne, es gebe keinen Grund, sich zu grämen. Na gut. Und da Corbinian wie gesagt der Maßstab ist, soll die Regel für Rotweinsaucen folgendermaßen lauten: Verwenden Sie dafür immer Weine, die Ihnen Freunde von ihrem Urlaubsort mitbringen. Denn: Solch ein Wein schmeckt zu Hause niemals so gut wie noch in den Ferien.

VORBEMERKUNG

Nehmen Sie für dieses Rezept unbedingt
die flache Rinderschulter! Sie ist von einer dünnen Fettschicht durchzogen, die während des
Schmorens langsam zergeht und damit das
Fleisch saftiger, ja fast schmalzig werden lässt.

VOR- & ZUBEREITUNGSZEIT

20 Minuten & 2 Stunden

PLEISCH

RINDERSCHULTER GESCHMORT MIT KARTOFFEL-PÜREE UND SCHALOTTEN-ROTWEINSAUCE

ZUBEREITUNG

Das Fleisch von allen Seiten mit Meersalz und dem grob gemahlenen Pfeffer einreiben. Anschließend in einer Mischung aus Olivenöl und Ghee (oder Butterschmalz) bei mittelstarker Hitze in einem Schmorbräter von allen Seiten nur kurz anbraten, damit sich die Poren schließen. Das Fleisch sollte dabei höchstens ganz leicht braun werden.

Wenn alle Seiten angebraten sind, den Bratensatz mit einem guten Schuss des Rotweins ablösen und den Topf vom Herd nehmen. Anschließend verteilen Sie die in Streifen geschnittene Zwiebel und das Suppengrün um das Fleisch im Topf herum und gießen so viel Gemüsebrühe an, dass das Fleisch maximal zur Hälfte bedeckt ist. Deckel drauf und bei ca. 180°C (Umluft) für 2 Stunden in den Ofen schieben. Prüfen Sie hin und wieder den Flüssigkeitsstand im Topf und gießen Sie bei Bedarf noch etwas Gemüsebrühe nach.

Während das Fleisch im Ofen schmort, werden die Schalotten geschält und in möglichst feine Würfel geschnitten. In einer Pfanne bei mittlerer Hitze mit 2 EL Butter glasig dünsten, dann mit dem restlichen Rotwein ablösen. Anschließend bei mittlerer Hitze auf die Hälfte einreduzieren.

Die Kartoffeln inzwischen in der Schale in leicht gesalzenem Wasser kochen, schälen und mit einem Kartoffelstampfer oder einer Presse zerdrücken. Die Milch erwärmen, aber nicht kochen. Diese dann mit 2 EL Butter unter die zerdrückten Kartoffeln geben, bis die gewünschte Konsistenz erreicht ist, und mit Salz und Muskatnuss abschmecken.

Wenn das Fleisch weich ist, aus dem Ofen nehmen und im geschlossenen Topf noch etwas nachziehen lassen.

In dieser Zeit können Sie die einreduzierte Schalotten-Rotweinsauce mit einem Schuss des Schmorfonds, einer Prise Zucker und dem Balsamico abschmecken. Zum Schluss 2 EL eiskalte Butter einrühren (montieren). Dabei darf die Sauce nicht mehr kochen. So erhält sie mehr Bindung und einen schönen Glanz.

Auf die 6 Teller zuerst das Püree geben, darauf die in schöne Scheiben geschnittene Rinderschulter legen und alles mit der Sauce begießen.

ZUTATEN FÜR 6 PERSONEN

1	flache Rinderschulter (1,5–2 kg)
2 EL	Olivenöl
2 EL	Ghee (Butteröl) oder Butterschmalz
1|2 l	trockener Rotwein (z. B. Rosso di Montepulciano)
2	mittelgroße gelbe Zwiebeln, in Streifen geschnitten
1 Bund Suppengrün	(Karotte, Sellerie, Petersilie, Lauch)
1|2 l	Gemüsebrühe (selbst gemacht, siehe Seite 91, oder Instant)

Meersalz
schwarzer Pfeffer aus der Mühle

FÜR DIE SAUCE

4	kleine Schalotten
2 EL	Butter
1 TL	Aceto Balsamico dunkel
1 Prise	Zucker
2 EL	Butter, eiskalt

Meersalz

FÜR DAS PÜREE

500 g	mehlige Kartoffeln
1|2 l	Milch
2 EL	Butter
1 Prise	Muskatnuss, frisch gerieben

Meersalz

(27)
LETZTE WORTE ZU BAMBI

— Sitze ich also bei uns im Lokal in meiner Ecke und versuche, einen klaren Kopf zu bekommen. Muss mich konzentrieren, ein paar Sachen aufschreiben, damit ich sie nicht vergesse. Ich glaube, die besten Ideen verliert man wieder. Mein ganzes Leben verbringe ich damit, die zweitbesten Ideen zu besten zu machen, was mitunter anstrengend ist, besonders wenn das Pärchen am Nebentisch sich nicht entscheiden kann. Es geht um die Frage, ob man lieber den Rehrücken bestellt oder den Fisch. Gut, das sind weitreichende Überlegungen, fast schon systemische Themen. Reh und Rauchfisch haben außer dem „R" am Anfang fast nichts miteinander gemein. Schließlich entscheidet sich der Mann fürs Reh und die Frau für den Fisch, mit der Begründung, sie habe so großes Mitleid mit dem unschuldigen Bambi. Und nachdem sie dies gesagt hat, kann ich mich überhaupt nicht mehr konzentrieren, denn ihr Satz bleibt haften.

Zwanzig Minuten lang überlege ich, ob ich jetzt was sagen soll, denn es ist ja so: Gerade wenn sie Mitleid mit Bambi hat, darf sie ohne Skrupel Reh essen, denn das aus dem berühmten Film bekannte Bambi ist ein Hirschkalb. Schuld an der allgemeinen Verwirrung bei diesem Thema sind Walt Disney und die nordamerikanische Fauna. Der ganze Sachverhalt ist kompliziert, aber eindeutig: Die Geschichte vom Bambi, die sich der Schriftsteller Felix Salten ausgedacht hat, spielt ursprünglich in Österreich, und in seinem Roman ist Bambi ein Reh, und zwar übrigens ein männliches, also genauer ein Rehbock. Die meisten Menschen beziehen sich aber bei Bambi nicht auf das Buch, sondern auf den Zeichentrickfilm. Und für diesen wurde die Handlung nach Amerika verlegt. Dort gibt's aber keine Rehe, und deshalb wurde in den Burbank Studios aus Bambi ein Weißwedelhirschkalb. Wer es aushält, den Film bis zum Schluss anzusehen, sieht übrigens den erwachsenen Bambi auf einer Lichtung stehen, als ausgewachsenen Hirsch mit einem mächtigen Geweih. Dieser Umstand hatte nun aber für Generationen von Deutschen ein weiteres Missverständnis zur Folge. Viele glauben nämlich nicht nur, dass Bambi ein Reh, sondern auch dass ein Hirsch ein ausgewachsenes Reh sei. Dabei handelt es sich um zwei total verschiedene Arten!

Soll ich das der Dame sagen? Man mischt sich ja nicht ein und will auch nicht als Besserwisser dastehen. Andererseits putzt sie ihn runter, als das Essen kommt. Das kleine Bambi! Wie er das nur über sich brächte! So ein roher Kerl sei er. Ich sitze am Nebentisch und bekomme eine Krise.

Da fällt mir auf, dass er tatsächlich eine miese Type ist. Und zwar ist es doch so: Wenn er wüsste, dass er gerade gar kein Bambi isst, dann würde er es ja sicher sagen, schon um vor ihr nicht als Rohling dazustehen. Also weiß er es nicht. Und wenn er es nicht weiß, dann ist es ihm offenbar egal, dass er ihre Gefühle verletzt. Ihre Empörung ist also berechtigt, voll berechtigt. So ein Grobian.

Ich beschließe, nichts zu sagen. Vielleicht verlässt sie den Kerl ja. Verdient hätte er es jedenfalls.

ZUBEREITUNG

Die Äpfel schälen und in kleine Würfel schneiden. Anschließend mit etwas Butter in einer beschichteten Pfanne langsam andünsten und nach und nach den Rotwein zugeben. Die Preiselbeeren dazugeben und alles zu einem Kompott einkochen. Bei Bedarf immer wieder etwas Rotwein nachgießen, damit es nicht ansetzt. Am Schluss mit Pfeffer aus der Mühle und Balsamico abschmecken.

Gleichzeitig werden die Kartoffeln mit der Schale in leicht gesalzenem Wasser weich gekocht. Dann die Kartoffeln schälen, mit einer Presse oder einem Kartoffelstampfer zerdrücken und mit warmer Milch und 2 EL Butter mischen. Dann mit Salz, Muskatnuss und dem Trüffelöl abschmecken und warm stellen.

Das Fleisch von allen Seiten mit Meersalz und dem grob gemahlenen Pfeffer einreiben. Anschließend in einer Mischung aus Olivenöl und Ghee oder Butterschmalz zusammen mit dem Rosmarin und den Schalotten bei mittel-

starker Hitze in einer beschichteten Pfanne von allen Seiten nur ganz kurz anbraten, damit sich die Poren schließen. Das Fleisch sollte dabei nicht bräunen. Anschließend das Fleisch in der Pfanne für etwa 8 Minuten in den auf 190 °C (Umluft) vorgeheizten Backofen schieben. Danach die Pfanne herausnehmen und mit Alufolie abdecken, damit das Fleisch noch 3−4 Minuten nachziehen kann. Wenn sie es danach aufschneiden, sollte es innen noch rötlich und saftig sein.

Den Bratensatz in der Pfanne können Sie mit 1|4 l Rotwein (vorher die Schalotten und den Rosmarin entfernen) lösen, kurz einreduzieren und mit eiskalter Butter binden.

Auf 6 Tellern das Püree anrichten, den in Scheiben geschnittenen Rehrücken danebenlegen und mit der Sauce begießen. Auf jeden Teller einen Klecks des Kompotts zufügen.

ZUTATEN FÜR 4−6 PERSONEN

FÜR DAS WILD

1	Rehrücken (1,2−1,5 kg), ausgelöst
2 EL	Olivenöl
2 EL	Ghee (Butteröl) oder Butterschmalz
2 Zweige	Rosmarin
2	kleine Schalotten, halbiert, mit Schale
1|2 l	trockener Rotwein (z. B. Rosso di Montepulciano)
2 EL	Butter, eiskalt
Meersalz	
schwarzer Pfeffer aus der Mühle	

FÜR DAS PÜREE

500 g	mehlige Kartoffeln
1|2 l	Milch
2 EL	Butter
1|2 TL	Trüffelöl
1 Prise	Muskatnuss, frisch gerieben

FÜR DAS KOMPOTT

2	mittelgroße Äpfel (z. B. Jonagold)
2 EL	Butter
1|2 l	trockener Rotwein (z. B. Rosso di Montepulciano)
1 Glas	Preiselbeeren
1 TL	Aceto Balsamico dunkel

WEINEMPFEHLUNG

Schwerer portugiesischer Rotwein
(z. B. Atal Sia)

VORBEMERKUNG

Lassen Sie sich für dieses Rezept den Rehrücken von Ihrem Metzger oder Wildhändler
auslösen und auch die zarten Häutchen, die
das Fleisch nach dem Auslösen noch umhüllen,
entfernen. Sie sollten das reine, rohe Fleisch
ohne Sehnen und Häutchen in Händen halten.
Dieses Fleisch ist, richtig zubereitet, an Zartheit
nicht zu überbieten. Wahrlich ein besonderer
Genuss!

Das Kompott können Sie übrigens schon am
Vortag zubereiten, dann zieht es noch besser
durch.

ZUBEREITUNGSZEIT
45 Minuten

FLEISCH

REHRÜCKEN GEBRATEN MIT GETRÜFFELTEM KARTOFFELPÜREE UND APFEL-PREISELBEER-KOMPOTT

KURZ BEVOR UNSER KELLNER SEBASTIAN
DAS GERICHT ZUM GAST BRINGT, WIRD ES VON
CORBINIAN ANGERICHTET. DER KENNT SEINE
GÄSTE. HIER ZUM BEISPIEL DARF ES EIN WENIG MEHR
SAUCE FÜR TISCH VIER SEIN. DER MUSS
DAS NICHT EXTRA SAGEN, CORBINIAN WEISS
ES EINFACH. DAS IST EINE EIGENSCHAFT
GUTER GASTGEBER.

(28)
ÜBER DAS
SCHMOREN

Schon seit Stunden schmore
ich mit jeder Pore,

denke nur an dich, mein Schatz,
stärke, bügle mir den Latz.

Das Warten fällt mir wirklich schwer,
denn ich lieb dich doch so sehr!

Möcht dich endlich bei mir haben,
mich an deinem Schlegel laben.

Dich liebkosen und bestreichen
mit den Pilzen, diesen weichen,

und mit Sauce dich bedecken,
mir dann alle Finger lecken.

Oh, die Ungeduld, sie nervt mich!
Ach, das Messer, ach, das schärf ich.

Vertreibe mir das Warten so
und trinke schon mal den Bordeaux.

Auch du schmorst, lang schon, vor dich hin;
bist du so geil, wie ich es bin?

Willst du's nicht auch so, wie ich's will?
Du sagst nichts, nein, du schmorst ganz still.

Na gut, egal, was soll's, komm raus!
Du bist ein wahrer Augenschmaus.

Ich nehm dich jetzt, an diesem Ort.
Wir beide haben genug geschmort:

du als Tier
und ich aus Gier.

ZUTATEN FÜR 4–6 PERSONEN
FÜR DAS WILD

1	Rehschlegel (Hinterkeule), etwa 1,5 kg

Wildgewürz (z. B. von Herbaria)

2 EL	Olivenöl
2 EL	Ghee (Butteröl) oder Butterschmalz
1|4 l	trockener Rotwein
	(z. B. Rosso di Montepulciano)

4 Zweige Rosmarin

6	Scheiben durchwachsener
	Schweinespeck (je etwa 5 mm dick)
2–3	Schalotten, halbiert, mit Schale

1 Bund Suppengrün
(Karotte, Sellerie, Petersilie, Lauch)

2	Sternanis
4	Kardamomsamen
1|2 l	Gemüsebrühe (selbst gemacht,
	siehe Seite 91, oder Instant)
4 EL	Butter
2 EL	Zucker
3 EL	Zwetschgenmus
1 EL	Aceto Balsamico dunkel
300 g	Pfifferlinge, geputzt

etwas gehackte Petersilie

2 EL	Butter, eiskalt

FÜR DIE POLENTA

1|4 l	Milch
1|4 l	Gemüsebrühe (selbst gemacht,
	siehe Seite 91, oder Instant)
200 g	Polenta (Maisgries)
2 EL	Butter

1 Spritzer Trüffelöl (wer mag)
Meersalz
schwarzer Pfeffer aus der Mühle

WEINEMPFEHLUNG
schwerer französischer Rotwein
(z. B. Cuveé d'Or)

VORBEMERKUNG

Wenn Sie waidmännisch nicht so beschlagen sind und zufällig auch nicht Pathologe oder Präparator, lassen Sie sich von Ihrem Metzger oder Wildhändler den Unterschenkel des Rehschlegels abtrennen. So passt das Teil besser in den Schmortopf! Aber bitte den Knochen nicht auslösen lassen und auch den abgetrennten Unterschenkel mitschmoren! Beides ist wichtig für die Saucengrundlage. Wenn Sie zu dem Experten ein besonders inniges Verhältnis haben, dann lassen Sie ihn gleich auch die diversen zarten Häutchen, die das Fleisch überziehen, entfernen. Ansonsten selbst mit einem scharfen Messer vorsichtig unter das Häutchen fahren und eine kleine Öffnung schneiden, sodass Sie mit dem Zeigefinger die Haut etwas anheben und straffziehen können. Dann mit dem Messer immer parallel zum Fleisch die Haut entfernen. Das ist zwar etwas mühsam, lohnt sich aber, da Sie später das pure Fleisch ohne störende Hautstreifen auf dem Teller haben. Optisch und sensorisch zweifellos ein Gewinn!

FLEISCH

REHSCHLEGEL GESCHMORT MIT PFIFFERLINGEN, POLENTA UND ZWETSCHGENSAUCE

MANCHE TÄTIGKEITEN IN DER KÜCHE
HABEN ETWAS KONTEMPLATIVES.DAS PASSIEREN
ZUM BEISPIEL. BEIM PASSIEREN KANN ES
PASSIEREN, DASS CORBINIAN ÜBER DIE WIRKLICH
WICHTIGEN DINGE DES LEBENS NACHDENKT,
DARÜBER, DASS ES UNS IRGENDWIE DURCH DIE
FINGER RINNT – ODER WIE BRÜHE
DURCH EIN SIEB.

ZUBEREITUNGSZEIT
2 1|2 Stunden

ZUBEREITUNG

Das so sorgsam vorbereitete Stück von allen Seiten mit Meersalz, grob gemahlenem Pfeffer und dem Wildgewürz einreiben. Anschließend in einer Mischung aus Olivenöl und 2 EL Ghee oder Butterschmalz bei mittelstarker Hitze in einem Schmorbräter von allen Seiten nur kurz anbraten, damit sich die Poren schließen. Das Fleisch sollte dabei höchstens ganz leicht braun werden. Der schon angesprochene Unterschenkel wird mit angebraten.

Wenn alle Seiten des Schlegels angebraten sind, den Bratensatz mit Rotwein ablöschen und den Topf vom Herd nehmen. Den Schlegel im Topf so platzieren, dass die Haupt-Fleischseite nach oben zeigt. Darauf die Rosmarinzweige verteilen und diese mit den Speckscheiben belegen. Der Schlegel sollte dann mehr oder weniger komplett mit Speck bedeckt sein.

Anschließend verteilen Sie die Schalotten, das Suppengrün, das Wildgewürz, den Sternanis und die Kardamomsamen neben dem Fleisch im Topf und gießen so viel Gemüsebrühe an, dass der Schlegel maximal zur Hälfte bedeckt ist. Deckel auflegen und bei etwa 190°C (Umluft) für 2 Stunden in den Ofen schieben. Prüfen Sie hin und wieder, ob noch etwas Gemüsebrühe hinzugefügt werden muss. Jetzt haben Sie erst mal Zeit, denn der Braten macht sich ja praktisch selber.

45 Minuten bevor Sie essen möchten, wird die Polenta zubereitet. Dazu 1|4 l Milch mit 1/4 l Gemüsebrühe vorsichtig zum Kochen bringen und die Polenta einrühren. Scheint sie zu fest, einfach etwas Wasser oder Milch zugeben. Am Schluss 2 EL Butter unterziehen und die Polenta auf Warmhaltestufe durchziehen lassen. Wenn Sie wollen, können Sie sie kurz vor dem Servieren mit einem kleinen Spritzer Trüffelöl vorsichtig aromatisieren.

Während die Polenta durchzieht, nehmen Sie den Schmortopf aus dem Ofen und gießen den Bratensaft bis auf einen kleinen Rest durch ein Sieb in eine Schüssel. Während das Fleisch bei geschlossenem Deckel im ausgeschalteten, aber noch warmen Ofen nachziehen kann, lassen Sie bei mittelstarker Hitze 2 EL Butter, den Zucker und das Zwetschgenmus in einer Pfanne oder einem flachen Topf mit möglichst großem Durchmesser karamellisieren. Sie müssen dabei sehr aufmerksam beobachten, dass die Masse nicht anbrennt. Sollte das Karamell sich etwas am Boden ansetzen, mit einem Schuss Rotwein und dem Balsamico ablöschen (Achtung, Spritzgefahr!). Anschließend mit dem vorher gewonnenen Bratensaft aufgießen. Alles bei mittlerer Hitze auf ungefähr die Hälfte des Volumens reduzieren.

Während die Sauce köchelt, werden die geputzten Pfifferlinge in einer Pfanne bei mittelstarker Hitze in 2 EL Butter, Butterschmalz oder Ghee kurz angebraten und mit einer Prise Meersalz und grob geschrotetem Pfeffer gewürzt. Zuletzt etwas gehackte Petersilie darüberstreuen.

Am Schluss noch in die einreduzierte Sauce 2 EL eiskalte Butter einrühren (montieren). Die Polenta auf den Tellern verteilen, Rehschlegel vorsichtig in Scheiben schneiden und dazugeben, mit den Pfifferlingen umlegen und mit der Sauce beträufeln.

(29)
EUGEN BRAATZ, DER KÖNIG DER BRAATZ-KARTOFFEL

— „Mach doch mal Braatzkartoffeln", sage ich zu Corbi.

„Ich mache keine Bratskartoffeln", antwortet er. „Jedenfalls nicht heute."

Aber ich meine überhaupt nicht ordinäre Bratkartoffeln mit einem falschen Fugen-S zwischen Brat und Kartoffel, sondern eben Braatzkartoffeln, und das sage ich ihm auch. Braatz. Doppel-A und TZ.

„Es heißt korrekt Braatzkartoffel, weil Eugen Braatz sie erfunden hat. Nach ihm ist sie benannt", behaupte ich. Corbinian antwortet nicht darauf und bereitet das Kartoffelpüree zu, das er zur Leber vorgesehen hat. Natürlich ein Klassiker. Könnte man aber auch mit Braatzkartoffeln anbieten. Also drängle ich weiter, er solle doch mal bittebitte Braatzkartoffeln zubereiten. Corbinian hat viel zu tun, wie immer.

„Schleich di", empfiehlt er mir und vergisst nicht, mir zu attestieren, dass ich ihm auf die Testikel ginge mit meinen Bratkartoffeln.

„Braatzkartoffeln", sage ich und bringe mich in Deckung. Dann ziehe ich mich auf meinen Platz zurück und muss nur fünf Minuten warten, bis Corbinian kommt. Er ist neugierig. Gute Köche sind immer neugierig.

„Was ist das jetzt für ein Quatsch mit deinen Braatzkartoffeln?", fragt er und setzt sich.

Da erzähle ich ihm die ganze Geschichte von Eugen Braatz. Und Ihnen jetzt auch.

Eugen Hugo Braatz, geboren am 13. Mai 1823 in Heidelberg, war Apotheker und seiner Zeit voraus. Er erfand an einem windigen Apriltag 1854 die Braatzkartoffel, indem er eine mehlige, gekochte und über Nacht leicht sämig gewordene Kartoffel in Scheiben schnitt und in Butterschmalz briet, wozu er ein schmiedeeisernes Pfännchen benutzte. Das Ergebnis setzte er seiner Frau Annemarie vor, die es mit großem Genuss verzehrte und ihn lobte. Dies beflügelte Eugen, und er eröffnete in Heidelberg sein Restaurant „Eugen Braatzens Kartoffelhaus", in welchem es nur ein einziges Tellergericht gab, nämlich besagte Braatzkartoffeln. Der Erfolg war bescheiden, denn die meisten Gäste beschwerten sich darüber, dass es bei Eugen genau genommen nichts anderes gebe als okaye Bratkartoffeln und dass dies nichts Besonderes sei und eigentlich auch zu wenig.

Doch Eugen glaubte an sich und an seine Erfindung. Und so tauchte er mit einem kleinen Stand auf der Weltausstellung 1855 in Paris auf. In der Liste der dort gezeigten Weltneuheiten fehlen die Braatzkartoffeln allerdings bis heute, sie wurden einfach unterschlagen, unter anderem wohl deshalb, weil man Eugen Braatzens Stand für eine Imbissbude mit Bratkartoffeln hielt. Berühmt wurden nur die dort gezeigte erste Espressomaschine und das erste Betonboot.

Eugen kehrte nach Heidelberg zurück. Er war pleite und desillusioniert und gab sich dem Alkohol hin. Außerdem schwante ihm, dass die anderen recht hatten. Womöglich waren die von ihm nach sich selbst benannten Kartoffeln tatsächlich nur, was die Öffentlichkeit Bratkartoffeln nannte. Er bestellte in einer Heidelberger Kneipe solche Bratkartoffeln und musste feststellen, dass sie seinen Braatzkartoffeln verteufelt ähnlich sahen und auch so schmeckten.

Da kam ihm eine Idee: Er verfeinerte seine Braatzkartoffeln mit angebräunten Zwiebeln. Euphorisch öffnete er sein Lokal erneut und rief es in die Straßen hinein: „Leute, nur hier bei mir: Die original Heidelberger Braatzkartoffel!" Ein erster Gast bestellte, Eugen briet, und der Gast zahlte, nicht ohne zu bemerken, dass es sich bei dem Gericht ganz offensichtlich um Bratkartoffeln mit Zwiebeln gehandelt habe. Daraufhin versank Eugen Braatz in tiefe Schwermut und starb bald darauf geschieden, krank und verschuldet. Er liegt in einem Armengrab.

Und ich weiß auch nur von dieser Geschichte, weil ich einmal ein Buch von einem Schriftsteller erwarb, der mir von Eugen Braatz erzählte. Er selber habe ein ähnliches Schicksal erleiden müssen, sagte der Schriftsteller. Sein Roman über einen wütenden einbeinigen Kapitän, der einen Wal jagte und dabei elend zugrunde ging, habe auch kein Mensch lesen wollen, weil es angeblich schon so etwas Ähnliches gab.

Corbinian stand auf. „Ich finde, wir sollten das Andenken von Eugen Braatz bewahren und mal Braatzkartoffeln zur Leber machen", rief ich.

Corbinian schraubte eine Flasche Wasser auf und goss sich ein Glas ein. „Heute gibt es Kartoffelpüree. Und damit basta."

Der arme Eugen würde sich im Grabe herumdrehen, wenn er wüsste, wie schändlich selbst heute sein Ansehen mit Füßen getreten wird.

ES GIBT TATSÄCHLICH AUCH TIERE, DIE NICHT
IN CORBINIAN KOHNS KÜCHE LANDEN.
HEIMISCHE SINGVÖGEL ZUM BEISPIEL. DIE WERDEN
VON UNS MIT EIFER UMSORGT UND IM WINTER
GROSSZÜGIG GEFÜTTERT. UND DIES WIE GESAGT
OHNE JEDES GASTRONOMISCHE INTERESSE.
EHRENWORT.

VORBEMERKUNG

Kalbsleber ist von unglaublich zarter Konsistenz und darf nur sehr kurz in die Pfanne. Deswegen sollten Sie alle anderen Bestandteile dieses Rezeptes zuerst zubereiten und die Leber ganz am Schluss braten.

WEINEMPFEHLUNG

ausdrucksstarker Weißwein (z. B. Heideboden)

ZUBEREITUNGSZEIT

45 Minuten

ZUBEREITUNG

Die Kartoffeln werden in der Schale in leicht gesalzenem Wasser weich gekocht, geschält und mit einem Kartoffelstampfer oder der Kartoffelpresse zerdrückt. Die Milch bei mittlerer Hitze erwärmen, damit sie nicht kocht, und mit 2 EL Butter in die Kartoffelmasse rühren, bis die gewünschte Konsistenz erreicht ist. Mit Salz und Muskatnuss abschmecken und warm stellen. Während die Kartoffeln kochen, den Apfel schälen, entkernen und in dünne Spalten schneiden. In einer kleinen Pfanne 2 EL Butter bei mittlerer Temperatur erhitzen und darin die Apfelspalten dünsten. Wenn sie die ganze Butter aufgesogen haben, mit einem Schuss Weißwein oder Wermut ablöschen und köcheln, bis dieser ganz verschwunden ist. Warm stellen.
Gleichzeitig die Brokkoliröschen in etwas Salzwasser bissfest garen und anschließend mit kaltem Wasser abschrecken. Die Mandelblättchen in einer kleinen beschichteten Pfanne vorsichtig anrösten.
Die Kalbslebern in einer Mischung aus Olivenöl und Ghee oder Butterschmalz bei etwas mehr als mittlerer Hitze etwa 2 Minuten auf jeder Seite braten. Aus der Pfanne nehmen und erst dann mit Salz und Pfeffer würzen. Auf einer vorgewärmten Platte abgedeckt nachziehen lassen.
In dieser Zeit in das Bratfett den Zucker einstreuen, kurz ankaramellisieren lassen und mit dem Balsamico ablöschen. Zum Schluss mit 2 EL eiskalter Butter binden. Die Sauce nicht mehr kochen lassen.
Parallel dazu werden die Brokkoliröschen in einer Pfanne bei mäßiger Hitze in 2 EL Butter warm geschwenkt und anschließend mit den gerösteten Mandelblättchen bestreut.
Zum Anrichten das Kartoffelpüree auf 4 Tellern verteilen, die Lebern vorsichtig daraufsetzen und den Brokkoli sowie die Apfelspalten dazulegen.

ZUTATEN FÜR 4 PERSONEN
FÜR DIE LEBER
1   säuerlicher Apfel
4 EL   Butter
etwas trockener Weißwein oder Wermut
         (z. B. Noilly Prat)
8 Röschen Brokkoli
4 EL   Mandelblättchen
4 Scheiben Kalbsleber
         (je Person ca. 150–200 g)
2 EL   Olivenöl
2 EL   Ghee (Butteröl) oder Butterschmalz
1 Prise Zucker
2 EL   Aceto Balsamico dunkel
2 EL   Butter, eiskalt
Meersalz
schwarzer Pfeffer aus der Mühle

FÜR DAS PÜREE
400 g mehlige Kartoffeln
1|2 l   Milch
2 EL   Butter
1 Prise Muskatnuss, frisch gerieben

FLEISCH
KALBSLEBER GEBRATEN MIT KARTOFFEL-PÜREE, BROKKOLI, APFEL UND MANDELN

(30)
DRACULAMM

— Dem Lamm wird im Allgemeinen keine besondere Wehrtauglichkeit zugeschrieben. Im Gegenteil: Lämmer gelten als pazifistisch und ein bisschen doof. Man rühmt ihr Fell und ihre Keule, keineswegs jedoch ihre Eignung als Schweißhund oder Kampfmaschine. Ein Fehler, jedenfalls wenn man Wiggerl glaubt.

Dieser steht im Laden und imitiert das Geräusch, das ein transsilvanisches Lamm macht, nachdem man es beleidigt hat. Das klingt ziemlich gefährlich, ein bisschen wie ein wütender Esel. Wiggerl kennt sich aus, er ist überall auf der Welt gewesen, auch in Transsilvanien. Dort existierten bis heute drakulöse Lämmer, berichtet er, die sich insbesondere über friedlich die Wälder nach vegetarischer Kost durchsuchende Wölfe hermachten. Diese würden von in Gruppen jagenden Vampirlämmern gestellt und nach allen Regeln der Kunst ausgesaugt, bis sie nichts mehr seien als seelenlose Hüllen.

Wiggerl nimmt einen Schluck aus seiner Flasche und sieht sich um, ob wir ihm noch zuhören. Dann fährt er fort. Daher sei in den Karpaten eine Redensart sehr verbreitet, die sich metaphorisch auf das grausame Treiben der Lämmer beziehe. Über nur scheinbar harmlose Menschen werde dort geäußert, sie seien ganz offensichtlich Lämmer im Wolfspelz.

Und nicht nur die Wölfe litten, auch die Menschen in Siebenbürgen hätten ihre Last mit den aggressiven Biestern. Es seien Fälle bekannt, in denen die Lämmer nachts und bei Abwesenheit der Hausbewohner in deren Besitz eingedrungen seien und dort Verwüstungen angerichtet und Vorräte verzehrt hätten. Die meisten Lämmer seien Alkoholiker, und er selbst kenne einen Bauern namens Damir Popolescu, der nach dem Urlaub in seiner Speisekammer eine Fünf-Liter-Flasche Sliwowitz entleert vorgefunden habe sowie eine beträchtliche Menge Lammvlies, was er auf die enthaarende Wirkung des von ihm selbst angesetzten hochprozentigen Schnapses zurückgeführt habe.

Wiggerl nimmt noch einen Schluck und will fortfahren, als ihn Corbinian unterbricht:

„Also bis hierhin war die Geschichte ja noch ganz lustig. Aber das mit den saufenden Lämmern geht ein bisschen zu weit."

„Ha! Gerade die sind ja legendär, besonders in der rumänischen Küche."

Die Draculämmer seien nämlich beliebte Fleischlieferanten, da sie sich quasi selber in Alkohol einlegten, was die Zugabe von Rotwein bei der Herstellung von Lammgulasch praktisch überflüssig mache. Die Jagd auf das transsilvanische Lamm sei daher beliebt und habe zur weitgehenden Ausrottung der Art beigetragen, daher sei es übrigens kein Wunder, dass wir nichts von der Existenz dieses grausamsten Raubtiers Europas wüssten.

„Man kann es euch nicht übel nehmen", sagt er geduldig und zieht den Reißverschluss seiner Jacke hoch. „Servus und danke fürs Bier", sagt er und klopft gegen eine Weinflasche. Als er an der Tür angekommen ist, dreht er sich noch einmal um und macht das Geräusch, dass ein transsilvanisches Draculamm macht, wenn man es beleidigt.

Würden Sie so einem Tier 2,40 fürs Bier abknöpfen?

FLEISCH

LAMMSCHULTER GESCHMORT MIT TRÜFFEL-POLENTA UND BACKAPFEL

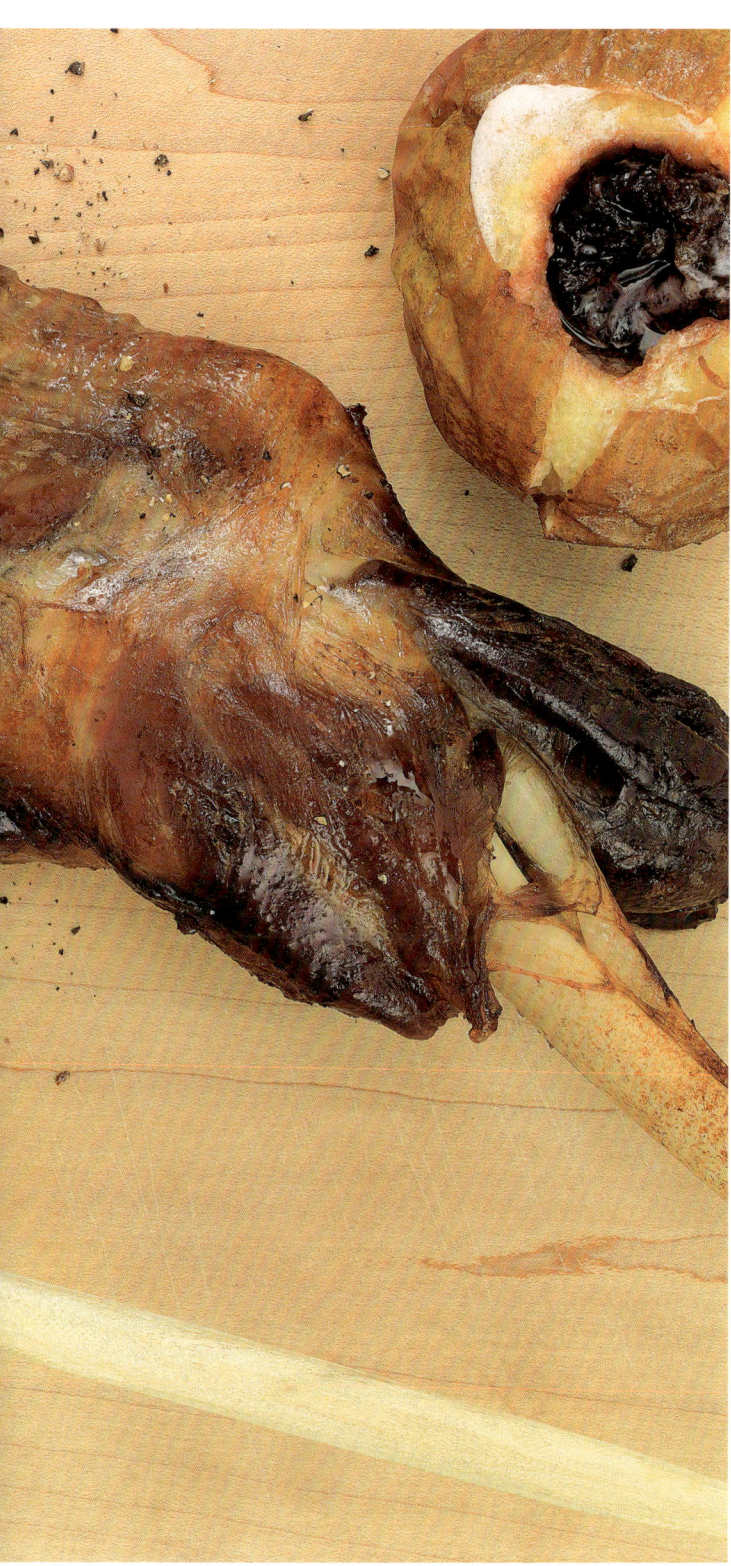

ZUTATEN FÜR 4 PERSONEN

2	Lammschultern mit Knochen
2 EL	Olivenöl
2 EL	Ghee (Butteröl) oder Butterschmalz
1|4 l	trockener Rotwein (z. B. Rosso di Montepulciano)
2–3	Schalotten, halbiert, mit Schale
1 Bund Suppengrün	(Karotte, Sellerie, Petersilie, Lauch)
2	Knoblauchzehen in der Schale
4 Zweige Thymian	
1|2 l	Gemüsebrühe (selbst gemacht, siehe Seite 91, oder Instant)
2 EL	Butter, eiskalt
1 EL	Aceto Balsamico dunkel
Meersalz	
schwarzer Pfeffer aus der Mühle	

FÜR DIE POLENTA

1|2 l	Milch
4 EL	Gemüsebrühe (selbst gemacht, siehe Seite 91, oder Instant)
200 g	Polenta (Maisgries)
2 EL	Butter
1 TL	Trüffelöl oder 2 TL Trüffelbutter

FÜR DIE BACKÄPFEL

4	Äpfel (Boskop)
4	Backpflaumen
4 EL	Portwein
etwas Butter fürs Blech	

ZUBEREITUNGSZEIT
30 Minuten plus 1 1\|2 Stunden Schmorzeit

ZUBEREITUNG
Die Lammschultern von allen Seiten mit Meersalz und grob gemahlenem Pfeffer einreiben. Anschließend in einer Mischung aus Olivenöl und Ghee oder Butterschmalz bei mittelstarker Hitze in einem ausreichend großen Schmorbräter von allen Seiten nur kurz anbraten, damit sich die Poren schließen. Das Fleisch sollte dabei höchstens ganz leicht braun werden. Wenn alle Seiten angebraten sind, den Bratensatz mit Rotwein ablöschen und den Topf vom Herd nehmen.

AUCH DAS GEHÖRT ZUR
GUTEN KÜCHE: SCHNEIDEN,
SCHÄLEN, VORBEREITEN.
FÜR DERARTIGE TÄTIGKEITEN
WURDE EXTRA EIN AUTOR
VERPFLICHTET, DER SICH ABER
AN DIESEM TAG SCHNÖDE
UM SEINE EHRENVOLLE AUFGABE
GEDRÜCKT HAT. AUSREDE: ER
MÜSSE DIE BILDUNTERSCHRIFTEN
FÜRS KOCHBUCH SCHREIBEN.

Anschließend verteilen Sie die Schalotten, das Suppengrün, den Knoblauch und den Thymian neben dem Fleisch im Topf und gießen so viel Gemüsebrühe an, dass das Fleisch maximal zur Hälfte bedeckt ist. Deckel auflegen und bei ca. 180°C (Umluft) für 1 1 | 2 Stunden in den Ofen schieben. Prüfen Sie hin und wieder den Flüssigkeitsstand im Topf und gießen Sie bei Bedarf etwas Gemüsebrühe an.

Wenn das Fleisch im Ofen ist, die Äpfel mit einem Ausstecher vom Kerngehäuse befreien (von der Stielseite aus) und auf der Unterseite eine kleine Kappe abschneiden, damit sie gerade stehen. Die entstandene Öffnung unten mit einer Backpflaume verschließen und mit dem Portwein bis zum Rand aufgießen. Etwa 45 Minuten bevor es Essen geben soll, die vorbereiteten Äpfel auf ein gebuttertes Blech setzen und ebenfalls in den Ofen schieben.

Anschließend wird die Polenta zubereitet. Dazu die Milch mit einer kräftigen Prise Salz oder einigen EL Gemüsebrühe vorsichtig zum Kochen bringen und die Polenta einrühren. Ca. 15 Minuten quellen lassen. Eventuell etwas Wasser oder Milch zugeben, wenn sie zu fest wird. Am Schluss 2 EL Butter und das Trüffelöl (oder die Trüffelbutter) unterheben und die Polenta auf Warmhaltestufe durchziehen lassen.

Während die Polenta ruht, nehmen Sie den Schmortopf aus dem Ofen und gießen den Bratensaft bis auf einen kleinen Rest durch ein Sieb in eine Pfanne. Während das Fleisch bei geschlossenem Deckel im ausgeschalteten, aber noch warmen Ofen nachziehen kann, lassen Sie bei mittelstarker Hitze den Bratensaft auf ungefähr die Hälfte des Volumens reduzieren. Am Schluss noch in die einreduzierte Sauce 2 EL eiskalte Butter einrühren (montieren). Für eine gute Bindung und den schönen Glanz nicht mehr kochen lassen.

Die Polenta auf 4 Teller geben, die Lammschulter in Scheiben schneiden und fächerförmig auf die Polenta legen. Je einen Backapfel danebensetzen.

(31)
DIE ERBS-SÜNDE

— Als ich zehn Jahre alt war, lief ich einmal eine knappe Woche lang mit einer Erbse in der Nase herum. Die Folge einer Wette. Damals gab es ein wunderhübsches Mädchen in meiner Klasse, das hieß Sonja und konnte keine Nasen malen. Ich schon. Ich war ein ausgezeichneter Nasenmaler und bot jedem in der Klasse diese Dienstleistung an. Leider wollten die alle ihre Nasen selber malen. Außer Sonja. Ihre Nasen waren allerdings auch nicht der Rede wert. Also rief sie mich in jeder Schulstunde, in der gemalt wurde.

Ich malte ihr Polizistennasen, Mütternasen, Gottesnasen. Ich gab mir große Mühe, und sie bedankte sich sehr dafür. Einmal jedoch misslang mir eine Nase, und da ich diese mit Filzstift gezeichnet hatte, ließ sie sich nicht mehr rückgängig machen, nur übermalen. Ich fummelte also an dem Nasenloch herum und zeigte ihr dann das Bild. Sie fand es missraten und ärgerte sich.

„Die Frau auf dem Bild hat eine Erbse in der Nase", versuchte ich eine Erklärung für das breite und im Bereich des Nasenlochs ziemlich verunglückte Organ.

„Und wie ist die bitte da hineingekommen?", fragte Sonja misstrauisch.

„Die Frau hat Zahnschmerzen und kann gerade nichts mit dem Mund essen, also hat sie die Erbse eingeatmet."

„Das würde die Frau aber niemals machen", sagte Sonja entrüstet.

„Warum denn nicht?"

„Weil das meine Mutter ist. Und meine Mama isst nicht durch die Nase."

„Woher willst du das wissen? Vielleicht macht sie es, wenn du schon im Bett bist. Und dann bekommst du es nicht mit. So."

„Man kann überhaupt keine Erbsen mit der Nase essen", behauptete sie und verschränkte ihre hübschen Arme.

Und so kam es zu besagter Wette, die ich zur Hälfte gewann, weil die Erbse zwar mit beträchtlicher Anstrengung von mir in mein Nasenloch gesogen wurde, jedoch auf halbem Wege stecken blieb. Sie ging nicht weiter rein, und raus kam sie auch nicht. Nach einer Woche beichtete ich den Fall meiner Mutter, und wir gingen zum Arzt, der die Erbse kopfschüttelnd entfernte. Ich werde nie vergessen, wie das extrahierte Feingemüse in einer silbernen Schale lag und von dem Arzt und meiner Mutter begutachtet wurde.

Wenn ich heute irgendwo Erbsen sehe, muss ich immer daran denken. Aus Sonja und mir ist dann übrigens nichts geworden. Sie hatte danach keine Lust mehr auf meine Nasen. Naja, habe ich gedacht, dann eben nicht.

ZUBEREITUNG

Das Fleisch von allen Seiten mit Meersalz und dem grob gemahlenem Pfeffer einreiben. Anschließend in einer Mischung aus 2 EL Olivenöl und 3 EL Butter bei etwas mehr als mittelstarker Hitze in einem Schmorbräter oder Topf von allen Seiten anbraten, damit sich die Poren schließen. Das Fleisch sollte dabei leicht braun werden.

Wenn alle Seiten angebraten sind, den Bratensatz mit etwas Rotwein ablöschen und den Topf vom Herd nehmen. Anschließend verteilen Sie die Zwiebeln und den Knoblauch auf und neben dem Fleisch im Topf und gießen so viel Gemüsebrühe an, dass das Fleisch maximal zur Hälfte bedeckt ist. Mit aufgelegtem Deckel bei ca. 180 °C (Umluft) für 1 Stunde in den Ofen schieben. Prüfen Sie hin und wieder, ob noch genügend Flüssigkeit im Topf ist, und gießen Sie eventuell etwas Gemüsebrühe an. Während das Fleisch im Ofen vor sich hin schmort, werden die Kartoffeln mit der Schale in leicht gesalzenem Wasser gekocht, anschließend geschält und im erhitzten Topf unter Zugabe von 2 EL Butter warm gestellt. Die

Karotten in einem kleinen Topf in einer Mischung aus etwas Gemüsebrühe, 1 EL Butter und einer Prise Zucker bei mittlerer Temperatur garen. Sie sollten weich sein, aber noch Biss haben. Wenn das Fleisch weich ist (Stechen Sie mit einer Fleischgabel hinein. Wenn Sie diese nach oben herausziehen und die Kalbsbacken am Topfboden liegen bleiben, ist das Fleisch gar), aus dem Ofen nehmen und im geschlossenen Topf noch etwas nachziehen lassen. Etwas von dem Bratensaft durch ein Sieb in eine kleine Pfanne geben, mit Salz, Pfeffer, einer Prise Zucker und dem Balsamico abschmecken und leicht einreduzieren. Zum Schluss nicht mehr kochen lassen und 2 EL eiskalte Butter einrühren (montieren).

Parallel dazu die Karotten mit dem Kochsud zu den Kartoffeln in den Topf geben, die Erbsen, Tomaten, das Maggikraut und den Rosmarin dazugeben und alles einmal kurz aufkochen. Das Gemüse herausnehmen und in einem tiefen Teller (z. B. Pastateller) anrichten, Fleisch in dicke Scheiben schneiden, auf dem Gemüse verteilen und mit der Sauce überträufeln.

ZUTATEN FÜR 4 PERSONEN

FÜR DAS FLEISCH

4–6	Kalbsbacken, je nach Größe (insgesamt etwa 600–800 g)
2 EL	Olivenöl
3 EL	Butter
1|4 l	trockener Rotwein
3	mittelgroße gelbe Zwiebeln, halbiert, mit Schale
2	Knoblauchzehen, halbiert, mit Schale
1|2 l	Gemüsebrühe (selbst gemacht, siehe Seite 91, oder Instant)
1 Prise	Zucker
1 TL	Aceto Balsamico dunkel
2 EL	Butter, eiskalt

Meersalz
schwarzer Pfeffer aus der Mühle

FÜR DAS GEMÜSE

300 g	festkochende Kartoffeln
3 EL	Butter
200 g	Karotten, geschält und in Scheiben geschnitten
1 Prise	Zucker
200 g	Erbsen (TK), aufgetaut
6–8	Cocktail-Strauchtomaten, geviertelt
1 Prise	Maggikraut (Liebstöckel), gehackt
2 Zweige	Rosmarin

VORBEMERKUNG

Ein wunderbares Schmorgericht. Kalbsbacken haben ein herrlich zartes Fleisch und zergehen, richtig zubereitet, auf der Zunge. Wichtig ist, dass Sie einen ausreichend großen Topf zum Schmoren verwenden, in dem die Backen nebeneinander Platz haben. Sie sollten nicht aufeinander liegen, da sie sonst nicht gleichmäßig garen.

ZUBEREITUNGSZEIT

2 Stunden

TIPP

Für dieses Gericht verwende ich ausnahmsweise Tiefkühl-Erbsen. Sie eignen sich besser für diese Art der Zubereitung, da sie nach dem kurzen Aufkochen noch genügend Festigkeit behalten.

FLEISCH

KALBSBACKE GESCHMORT MIT KARTOFFELN, TOMATEN, KAROTTEN UND ERBSEN

ZUTATEN FÜR 4 PERSONEN

4 EL	Olivenöl
2 EL	Butter
300 g	festkochende Kartoffeln, gekocht, geschält und in mundgerechte Stücke geschnitten
1	Apfel (fest und eher sauer), geschält, entkernt und in dünne Spalten geschnitten
1	mittelgroße rote Zwiebel, geschält, halbiert und in Streifen geschnitten
600 g	Blutwurst zum Braten (wählen Sie eine feste, eher feine Blutwurst mit kleinen Speckstückchen oder lassen Sie sich von Ihrem Metzger beraten)
1 TL	frischer gehackter Majoran (notfalls geht auch getrockneter)

1 Schuss dunkle Balsamicocreme
etwas trockener Rotwein
etwas Portwein
2 EL Butter, eiskalt
Meersalz
weißer Pfeffer aus der Mühle

FLEISCH
HIMMEL UND ERDE

ZUBEREITUNGSZEIT
40 Minuten

VORBEMERKUNG
Apfel steht für Himmel, Kartoffel für Erde.
Daher der Name. Bei entsprechender Vorbereitung ein sehr schnelles Gericht, das Sie
komplett in nur einer Pfanne zubereiten können.
Es gehört zu den Klassikern in unserem Lokal
und muss regelmäßig auf die Karte, sonst hagelt
es von den zahlreichen Liebhabern Proteste.

ZUBEREITUNG

In einer großen Pfanne 2 EL Olivenöl und 1 EL Butter relativ stark erhitzen, die Kartoffeln darin einseitig anbraten, kurz danach die Apfelspalten und die Zwiebeln dazugeben. Blutwurst enthäuten und in daumendicke Scheiben schneiden.

Kartoffeln, Zwiebeln und Äpfel wenden und an den Rand der Pfanne schieben. Im jetzt freien Bereich der Pfanne 2 EL Olivenöl und 1 EL Butter erhitzen und darin die Blutwurst scharf anbraten. Anschließend die Hitze reduzieren und die Blutwurst wenden.

Nach dem Wenden Kartoffeln und Äpfel auf die Blutwurst ziehen und mit dem Majoran bestreuen. Salzen, pfeffern und auf 4 vorgewärmte Teller verteilen. Kurz warm stellen. Bei mittlerer Hitze die Pfanne wieder erwärmen, Balsamicocreme, Rotwein und Portwein aufgießen und die kalte Butter zugeben. Die Pfanne auf der Herdplatte in kreisenden Bewegungen schwenken, damit sich alle Zutaten miteinander vermischen. Dann mit einem Löffel über die Blutwurst und das Gemüse träufeln und servieren.

(32) DER BAUM DER VERSUCHUNG

— Himmel und Erde ist ein rheinisches Gericht. Darauf bestehe ich mit dem letzten Rest meiner lokalpatriotischen Gefühle. Ich bin sonst selten Niederrheiner, sondern in den 16 Jahren meiner Betriebszugehörigkeit zu Bayern allerhand zu akzeptieren bereit. Zum Beispiel „Fasching". Das ist wirklich ein Witz, aber es steht mir nicht an, mich darüber zu mokieren, schließlich bin ich früher regelmäßig über die sogenannten tollen Tage aus dem Rheinland nach Amsterdam oder Paris getürmt. Aber seit ich nicht mehr in Düsseldorf lebe, mag ich den rheinischen Karneval. Aus der Ferne betrachtet, gefällt mir sogar Kölsch oder Blutwurst.

Und die gibt es also auch in der Vinoteca Marcipane, samt Kartoffeln und Äpfeln, und zwar nach einem ziemlich rheinischen Rezept, welchem zufolge die Kartoffeln nicht gestampft oder püriert werden.

Bei uns nannte man das Himmel un Ääd, und es gehört zu den großen Missverständnissen meiner Sozialisation.

Meine Großeltern besaßen nämlich einen riesigen Garten, in dem sie allerhand Gemüse und Obst zogen. Mein Opa verbrachte seine komplette Freizeit mit Pflanzen, und weil die beiden das, was er da an Stachelbeeren, Möhren, Kohl, Kirschen, Erdbeeren, Kartoffeln, Äpfeln, Johannisbeeren, Bohnen, Erbsen, Himbeeren, Wirsing und Birnen erntete, überhaupt nicht verbrauchen konnten, tauchte er gerne um die Mittagszeit bei uns auf und brachte sieben Gläser Eingemachtes oder einen riesigen Eimer Brechbohnen oder Mirabellen vorbei.

Eines Tages klingelte er während des Mittagessens, es gab Himmel un Ääd. Er setzte sich und sagte nach einer Weile bedauernd, dass der Blutwurstbaum in seinem Garten in diesem Jahr praktisch gar nicht trage, vielleicht wegen des Holunders, den er in die Nähe gesetzt hatte. Ich war so ungefähr sieben Jahre alt und sagte: „Blutwurst wächst doch nicht an Bäumen!"

Und er darauf: „Dann würd isch jern ma wissen, wat da sonst an mein Panhas-Baum wächst." Er sagte Panhas zur Blutwurst, das ist alter Krefelder Slang. Ein Panhas ist ein „Pfannenhase".

Er lud mich ein, am nächsten Tag bei ihm vorbeizukommen.

Natürlich glaubte ich ihm kein Wort, aber ich fuhr trotzdem mit dem Fahrrad sechs Kilometer bei Gegenwind zu ihm. (Am Niederrhein hat man immer Gegenwind, auch auf dem Rückweg. Immer. Kein Mensch kann das erklären.) Ich schob mein Rad durch sein Gartentor. Er war nicht zu sehen. Ich suchte ihn im Schuppen und zwischen den hohen Bohnenranken. Und dann sah ich die Blutwurst: Sie hing in einem alten Obstbaum, der ansonsten keine Früchte trug und immer sehr ausrangiert aussah. Doch nun hingen ungefähr zehn Blutwürste in den Ästen, und das sah extrem eindrucksvoll aus. Mein Großvater ließ sich nicht blicken, auch auf mein Klingeln öffnete er nicht. Also fuhr ich wieder nach Hause.

Am nächsten Tag brachte er Kirschen und Blutwurst. Die Ernte, wie er sagte. Die Selbstverständlichkeit, mit der er das fallen ließ, die unglaubliche Coolness, mit der er diese Flunkerei durchzog, verunsicherten mich auf Jahre. Ich wusste natürlich, dass man Wurst aus Tieren macht, aber bei der Blutwurst war ich nicht so sicher. Das geht mir bis heute so.

DER EIGENE GARTEN IST FÜR UNS
LABOR, LEHRWERKSTATT UND GEMÜSELIEFERANT.
UND MANCHMAL IST ER EINFACH EIN
KLEINES STÜCK HEIMAT. DANN LIEGEN WIR AUF
DEM RASEN UND GUCKEN IN DIE LUFT.

(33)
LINSEN-TRÄUME

— Letzten Mittwoch hatte ich einen Traum, der mich gewaltig in Aufruhr versetzte. Ich träumte nämlich, dass ich einen Wahrsager aufsuchte, weil ich nicht mehr weiterwusste. Warum ich nicht mehr weiterwusste, ist mir entfallen, oder es spielte im Traum keine Rolle. Jedenfalls empfahl mir der Wahrsager, mich völlig neuen Geschäften zuzuwenden.

„Was soll ich denn machen?", fragte ich ihn verunsichert. Und er riet mir dringend zur Eröffnung einer Falafelbude in Berlin-Kreuzberg. Im Traum war ich begeistert, total begeistert.

Ich öffnete die Augen und rüttelte meine Frau wach: „Weißt Du was? Wir ziehen nach Berlin und machen Falafel." Sie knurrte mich an, drehte sich um und schlief weiter. Erst kurz darauf wachte ich richtig auf und rüttelte sie noch einmal wach, um mich bei ihr dafür zu entschuldigen, dass ich sie mit so einem Quatsch geweckt hatte.

Seitdem lässt mich das Thema nicht mehr los. Gut, das stimmt schon: Einen Falafelimbiss in Kreuzberg zu eröffnen, ist ungefähr so originell wie die Geschäftsidee, auf dem Hamburger Fischmarkt Makrelen anzubieten oder in der Sahara tütchenweise Sand am Straßenrand zu verkaufen. Aber es klingt irgendwie gut, das Wort Falafel. Es wohnt eine spannende Exotik darin, kulinarischer Nahost-Sound.

Corbinian reagiert zurückhaltend, als ich ihm vorschlage, das ganze Vinoteca-Marcipane-Konzept noch einmal zu überdenken und in unserem bayerischen Dorf stattdessen eine Falafelbude aufzumachen, in der es dann eben keinen Wein mehr gibt, aber das köstliche Uludağ. Uludağ ist die türkische Antwort auf Sprite, und es ist benannt nach einem mächtigen Berg namens „Uludağ", der übersetzt „Mächtiger Berg" heißt.

Komischerweise hat Corbinian überhaupt keine Lust auf Falafel und Mächtiger Berg. Er möchte lieber in Ruhe Balsamico-Linsen marinieren. Also lasse ich das Thema fallen. Am nächsten Tag serviert er mir seine Maispoularde mit ebendiesen Balsamico-Linsen und sagt: „Pass auf, Alter: Falafel wird aus Bohnen oder Erbsen gemacht. Das hier sind Linsen, also so etwas Ähnliches. Wenn du sie gegessen hast, wirst du nie wieder über diese komische Falafelidee reden, wetten?"

Ich nehme meine Gabel und probiere die Linsen. Und tatsächlich, der Gedanke an diese runden arabischen Bohnenklöpse ist sofort weg. Komisch. Ich habe gerade total vergessen, wie die Teile noch mal hießen. Irgendwas mit „F". Aber ich komme nicht mehr drauf. Egal. Ich frage Corbinian, ob er noch ein paar von diesen Linsen hat. Die sind einfach großartig.

ZUBEREITUNG

Am Vortag die Linsen in viel gesalzenem Wasser zusammen mit einer Scheibe durchwachsenem Speck etwa 35–40 Minuten bissfest kochen. Gleichzeitig 2 kleine Schalotten fein würfeln und in etwas Olivenöl glasig dünsten (sie sollen keine Farbe annehmen). Die bissfest gekochten Linsen nach dem Abgießen kurz ausdampfen lassen. Dann mit den Schalotten mischen und mit einer Prise Salz und Pfeffer, 1 TL Balsamico-creme, dem Balsamicoessig und einer Prise Zucker marinieren und über Nacht abgedeckt kühl stellen.

Am nächsten Tag fangen Sie mit dem Fleisch an. Dazu die Haut der Poulardenbrüste seitlich etwas anheben und jeweils ein Salbeiblatt flach darunterschieben. Auf der Hautseite salzen und pfeffern und bei mittlerer Hitze mit der Haut-seite zuerst in einer beschichteten Pfanne in einer Mischung aus 2 EL Olivenöl und 2 EL But-ter anbraten. Wenn die Brüste goldbraun sind, wenden und in der Pfanne in den auf 180°C (Ober- und Unterhitze) vorgeheizten Backofen schieben. Dabei sollte eine Schiene oberhalb der Mitte gewählt werden.

FLEISCH

MAISPOULARDENBRUST MIT BALSAMICO-LINSEN UND PORTWEINSAUCE

Die Linsen bei mittlerer Temperatur erwärmen, die frisch gehackten Kräuter und ein EL Butter unterziehen. Mit Salz und Pfeffer abschme-cken. Nach 8–10 Minuten (je nach Größe) sollten die Poulardenbrüste gar sein. Drucktest gemäß Tipp auf Seite 33 durchführen. Brüste zum Nachziehen mit der Hautseite nach oben in einen vorgewärmten tiefen Teller oder Bräter geben, dessen Rand das Fleisch überragt. Alufolie darüberspannen (die Folie sollte die Haut nicht berühren) und 3–4 Minuten ruhen lassen.

In dieser Zeit die noch heiße Pfanne, in der Sie die Brüste angebraten haben, erneut erhitzen, den Bratensatz mit Rotwein ablösen und lösen, 1 EL Demi-Glace, 1 EL Balsamicocreme und 3 EL Portwein sowie den inzwischen in dem Teller oder Bräter angesammelten Fleischsaft zugeben und kurz einreduzieren. Zum Schluss 2 EL eiskalte Butter einrühren (montieren), dabei darf die Sauce nicht mehr kochen.

Zum Anrichten die Linsen auf 4 Teller geben, die Poulardenbrüste halbieren, auf den Linsen anrich-ten und 1–2 EL der Sauce über das Fleisch träufeln.

ZUTATEN FÜR 4 PERSONEN
FÜR DIE LINSEN

150 g	Belugalinsen
1 Scheibe	durchwachsener Speck (oder Abschnitte von Schinken)
2	kleine Schalotten
4 EL	Olivenöl
2 TL	dunkle Balsamicocreme
3–4 EL	Aceto Balsamico dunkel
1|2 EL	Zucker
1 EL	Petersilie, fein gehackt
1 EL	Thymian, fein gehackt
2 EL	Butter

FÜR DAS GEFLÜGEL

4	Maispoulardenbrüste (oder Hühnerbrüste) mit Haut (ca. 150–200 g pro Person)
4	große Salbeiblätter
2 EL	Butter
2 EL	Olivenöl
1|8 l	trockener Rotwein
1 EL	Demi-Glace vom Huhn, Kalb oder Rind (stark konzentrierter Fond, gibt es fertig zu kaufen)
1 EL	Balsamicocreme
3 EL	Portwein
2 EL	Butter, eiskalt
Meersalz	
schwarzer Pfeffer aus der Mühle	

VOR- & ZUBEREITUNGSZEIT
40 Minuten & 20 Minuten

VORBEMERKUNG
Dies ist ein Essen, das unheimlich schnell fertig-
gestellt werden kann, wenn alles richtig vorbereitet ist. Sollten Sie also Gäste erwarten,
wollen aber während des Besuches nicht die
halbe Zeit in der Küche stehen, dann bietet
sich dieses Gericht an. Außerdem hat es eine
hohe Gelingwahrscheinlichkeit und macht
optisch wie geschmacklich wirklich eine sehr
gute Figur.

Belugalinsen sind relativ kleine, fast schwarze
Linsen und erinnern im ihrem Aussehen an
den dunklen Beluga-Kaviar. Daher der Name.
Auf einem weißen Teller serviert und mit den
hellen Poulardenbrüstchen und der dunkelro-
ten Portweinsauce kombiniert, ergibt sich schon
vor dem ersten Bissen ein Genuss für das Auge.
Ganz wichtig: Beim Kochen von Linsen niemals
Säure (z. B. Essig) zugeben! Sie werden sonst
nicht weich, ganz egal wie lange Sie sie
kochen.

NACHSPEISEN

(34)
FLÜSSIGE KERNE

— Nichts ist aufregender, als jenseits einer relativ festen Schicht von irgendwas auf einen flüssigen Kern zu stoßen. Dies können Vulkanforscher sicher bestätigen, sofern sie in der Lage sind, dem flüssigen Kern lebend zu entkommen. Nachdem der flüssige Kern in Hustenbonbons und Gebäck schon seit Jahren eine gewisse Rolle spielt und aus dem Alltagsleben nicht mehr wegzudenken ist, begegnen wir ihm seit geraumer Zeit auch in der modernen Küche, meistens bei Desserts.

Ich finde das wunderbar. Diese kleine Überraschung. Man glaubt, ein warmes Küchlein vor sich zu haben, da entweicht diesem mit einem Mal ein Rinnsal heißer Schokolade, als wäre es Magma.

Nur Nullchecker erheben dann den Löffel klagend gen Sebastian, was unser Kellner ist, und beschweren sich darüber, dass der Kuchen offenbar nicht ganz fertig sei. Kenner der braunen Materie hingegen juchzen und löffeln. Die Krönung dieses Desserts wäre: Man öffnet das Soufflé, und heraus laufen winzig kleine Forscher aus Zucker, die von dem warmen Schokomagma verfolgt werden.

Gut, daran muss man natürlich noch tüfteln. Das wäre doch mal was für diesen molekularen Koch aus Spanien.

VORBEMERKUNG

Für dieses Rezept brauchen Sie Souffléförm-
chen aus Metall oder Porzellan (finde ich schö-
ner). Außerdem erfordert es eine sehr genaue
zeitliche Abstimmung, denn Sie können das
Soufflé nicht vorbereiten. Es muss also unmittelbar nach dem Zubereiten in den Ofen und
nach dem Backen auch sofort serviert werden,
weil sonst der idealerweise noch flüssige Kern
durch die Restwärme durchbackt. Dann haben
Sie einen kleinen Schkoladenkuchen.

ZUBEREITUNGSZEIT
30 Minuten

ZUTATEN FÜR 4 PERSONEN

Butter und feiner Zucker für die Förmchen

175 g	Bitterschokolade (mindestens 64 % Kakaoanteil), geraspelt
5	Bio-Eiweiß
50 g	Puderzucker
100 g	Sahne
15 g	Kakaopulver, ungesüßt
4	Bio-Eigelb

WEINEMPFEHLUNG

fruchtiger Rosé (z. B. Helios)

NACHSPEISE

SCHOKOLADENSOUFFLÉ

ZUBEREITUNG

Die Förmchen buttern und mit Zucker aus-
streuen. Die Schokolade in einer Schüssel über
einem warmen Wasserbad langsam schmelzen.
Sie darf dabei nicht zu heiß werden! Außerdem müssen Sie darauf achten, dass die Schüssel ganz trocken ist und während des Schmelzens kein Wasser aus dem Wasserbad in die
Schokoladenmasse gelangt.
Währenddessen die Eier trennen. Eiweiß steif
schlagen, den Puderzucker einstreuen und
noch etwa 1 Minute weiterschlagen.
Die Sahne aufkochen und in die geschmolzene Schokolade einrühren. Das Kakaopulver zugeben und alles zu einer glatten
Mischung verrühren.
Die Eigelbe verrühren und unter die Masse
geben, dann vorsichtig den Eischnee unterziehen. Alles in die Förmchen füllen und ungefähr
1 cm bis zum Rand frei lassen. Die Soufflés
etwa 12 Minuten im auf 200 °C (Umluft) vorgeheizten Backofen backen und sofort servieren.

ZUTATEN FÜR 4 PERSONEN

50 g	Butter
etwas	Sonnenblumenöl
4	reife Bananen, geschält und der Länge nach halbiert
3 EL	Zucker
1 EL	Zimt, gemahlen
4 EL	Portwein

VORBEMERKUNG

Dieser Nachtisch klingt banal und ist es eigentlich auch. Aber wir haben in unserem Lokal festgestellt, dass er unheimlich beliebt ist. Praktisch jeder kennt ihn, doch kaum einer weiß, wie er richtig zubereitet wird. Deswegen nun hier das Rezept. Sie können das Ganze auch noch variieren, wenn Sie z. B. Vanilleeis, Sahne oder Schokoladensauce dazu reichen.

NACHSPEISE

GEBRATENE BANANE MIT ZIMT UND ZUCKER

ZUBEREITUNGSZEIT

15 Minuten

ZUBEREITUNG

Die Butter und das Öl in einer beschichteten Pfanne bei relativ hoher Temperatur erhitzen. Sobald die Butter Blasen wirft, die Bananen auf beiden Seiten scharf anbraten, damit sie relativ schnell ankaramellisieren. Wenn sie Farbe angenommen haben, Hitze reduzieren und noch kurz nachziehen lassen. Mit einem gelochten Pfannenwender herausnehmen und auf dem Pfannenwender kurz über einem Küchenkrepp entfetten.
Auf Tellern anrichten, Zimt und Zucker vermischen und über die Bananen streuen. Das noch heiße Öl-Buttergemisch mit dem Portwein ablöschen, etwas einreduzieren lassen und um die Bananen herumträufeln.

(35)
BANANEN-
KUNDE

— Von der Banane als dem deutschen Revolutionsobst ist oft gesprochen worden. Kaum dass die Mauer fiel, gerieten die Deutschen in Deutschlands Osten in den Genuss der marktbeherrschenden Cavendish-Banane, deren Symbolkraft so weit reichte, dass man darüber nachzudenken hatte, ob die Frucht sich nicht statt Hammer und Sichel gut in der deutschen Fahne machen würde: gekreuzte Banane vor schwarz-rot-goldenem Hintergrund.

Inzwischen hat diese Vorstellung an Spannkraft verloren, und die Banane ist, was sie vordem war: der elegante Schlauchsnack für zwischendurch.

Eine hervorragende Exotik wird ihr nicht zugesprochen, wohl aber eine nie so richtig bewiesene Eignung als Requisit in Slapstickfilmen sowie ein hoher Gehalt an Kalium und Vitamin C.

Zu den großen Bananen-Missverständnissen gehört jenes, dass es ihrem Geschmack abträglich sei, wenn man sie grün erntet und nachreifen lässt. Großer Unsinn. Wer schon einmal in den Tropen unterwegs war und dort eine Banane direkt von der Staude gepflückt hat, weiß das. Eine frische Banane schmeckt ziemlich langweilig und mehlig. Das Verhältnis von Stärke und Zucker beträgt 20 : 1. Daher wird – auch im Ursprungsland – die unreife Frucht gepflückt und längere Zeit irgendwo aufgehängt, damit sie reift, bis sie schön gelb ist. Während der Reifung kehrt sich das Stärke-Zucker-Verhältnis um und beträgt 1 : 20 zugunsten des Zuckers. Je gelber die Banane, desto süßer und weicher. Beim Transport wird die Dessertbanane in Kühlschiffen transportiert, um die Reifung zu verzögern und braune Stellen zu verhindern, die beim Herumliegen entstehen und sie unattraktiv machen.

Die Bananenreifung ist eine wunderbare kleine Wissenschaft. So haben kluge Menschen herausgefunden, dass Bananen viel schneller gelb und schließlich braun werden, wenn ein Apfel in ihrer Nachbarschaft liegt. Warum das so ist? Der Apfel gibt das etwas süßlich riechende Gas Ethen ab. Es wird von allen Pflanzen zur Ausbildung der Fruchtkörper und Geschlechtsorgane selbst gebildet. Die zusätzliche Begasung von außen fördert die Reifung künstlich. Und weil die Äpfel mit ihrem Ethen so verschwenderisch umgehen, liegen sie im Supermarkt niemals direkt neben den Bananen, die reifetechnisch sozusagen durchdrehen, sobald ein Apfel in der Nähe ist.

Dies alles ist gutes Smalltalk-Material, wenn Sie Ihren Freunden die gebratene Banane servieren. Sie können sie aber natürlich auch über ihrem Kopf schwenken und rufen: „Ich bin frei. Endlich frei!" Nur braten sollten Sie sie in diesem Falle vorher nicht. Sie liegt dann nicht mehr so gut in der Hand.

SÜSSES MUSS SEIN. WIR
SIND KEINE KALORIENZÄHLER.
DAHER GIBT ES BEI UNS
AUCH KEINEN ABGEPACKTEN
ZUCKER, SONDERN DIE REINE
BRAUNE WARE IN KLEINEN
SCHÄLCHEN. DAS FINDEN WIR
SINNLICHER.

(36)
WARUM DIE VINOTECA MARCIPANE MARCIPANE HEISST

— Marcipane ist das italienische Wort für Marzipan. Das ist kein großes Rätsel. Aber warum haben wir unser Geschäft und Lokal so genannt? Ganz einfach: weil der Held in meinem ersten Roman so hieß, nämlich: Antonio Marcipane. Aha. Und warum hieß der so? Das ist nicht ganz so einfach. Man könnte sagen: aus Zufall.

Die Geschichte geht so: Ich habe damals im Jahr 2003 also den Roman geschrieben, und relativ früh, nämlich auf der ersten Seite, tauchte dieser Antonio auf. Er benötigte einen Nachnamen. Das ist immer ganz schwierig. Der Name sollte nicht zu offensiv bedeutungsvoll daherkommen. Ein sprechender Name wie „Migrantini" hätte es also nicht sein dürfen. Er darf aber auch nicht langweilig sein. „Rossi" wäre so eine Wahl, das ist der häufigste italienische Familienname. Er muss sich auch gut schreiben lassen, denn man benötigt ihn oft. Es wäre eine Qual für Autor und Leser, wenn die Hauptperson „Squarchiacuoco" hieße.

Also saß ich an meinem Schreibtisch und dachte über Namen nach. Und dabei aß ich Lübecker Marzipan. Ich esse gerne Süßigkeiten beim Schreiben, furchtbar. Aber immer noch besser, als zwischendurch Heroin zu spritzen oder Volksmusik zu hören.

Jedenfalls biss ich in das süße Mandelbrot und dachte: Komm, nennste ihn erst mal Marcipane. Das sollte zunächst nur ein Platzhalter sein. Sobald mir ein richtiger Name einfiel, wollte ich den seltsamen Familiennamen mit der Suchen-und-ersetzen-Funktion des Textverarbeitungsprogramms in die ewigen Jagdgründe schicken.

Ich schrieb dann erst einmal fertig. Und als es so weit war, bekam ich Skrupel. Ich hatte mich so an den guten Marcipane gewöhnt und fürchtete, die Figur könnte mit einem anderen Namen ihren Charakter verändern. Also beließ ich es bei Antonio Marcipane. Er ist also mit diesem zauberhaften Namen auf die Welt gekommen und dann sogar ein bisschen berühmt geworden.

An einem sehr sonnigen Tag im Sommer 2007 saßen Christian, Corbinian und ich mit unseren Frauen in Christians Garten und überlegten, wie unser Laden heißen könnte. Das Geschäft war zuvor eine Fahrradhandlung und -werkstatt gewesen, was zu kulinarischen Assoziationen kaum Anlass bietet. Wir grübelten also. Klar war nur, dass das Ding „Vinoteca" heißen sollte. Meine Frau hat dann gerufen: „Vinoteca Marcipane!" Wir haben uns angesehen und wussten, dass es gut war. Der Name hat etwas mit Essen, mit Genuss zu tun, er klingt schön und besitzt eine gewisse Bekanntheit. Perfekt.

Wer weiß, was aus mir, was aus dem Buch und was aus der Vinoteca geworden wäre, wenn ich damals nicht Marzipan gegessen hätte, sondern caramelle gommose a forma di orsetto, also Gummikaramelle in Bärchenform oder einfach: Gummibärchen.

GUT, NATÜRLICH: ECKIGE EIER WÄREN IN DER
LAGERUNG ENTSCHIEDEN PRAKTISCHER, ABER LÄGEN
SIE AUCH SO GUT IN DER HAND?
KNACKTEN SIE AUCH SO SCHÖN WIE DIESE HIER?
UND WÄREN DIE HÜHNER GLÜCKLICHER,
DIE SIE LEGTEN? GERADE LETZTERES KANN MAN
SICH JA ÜBERHAUPT NICHT VORSTELLEN.

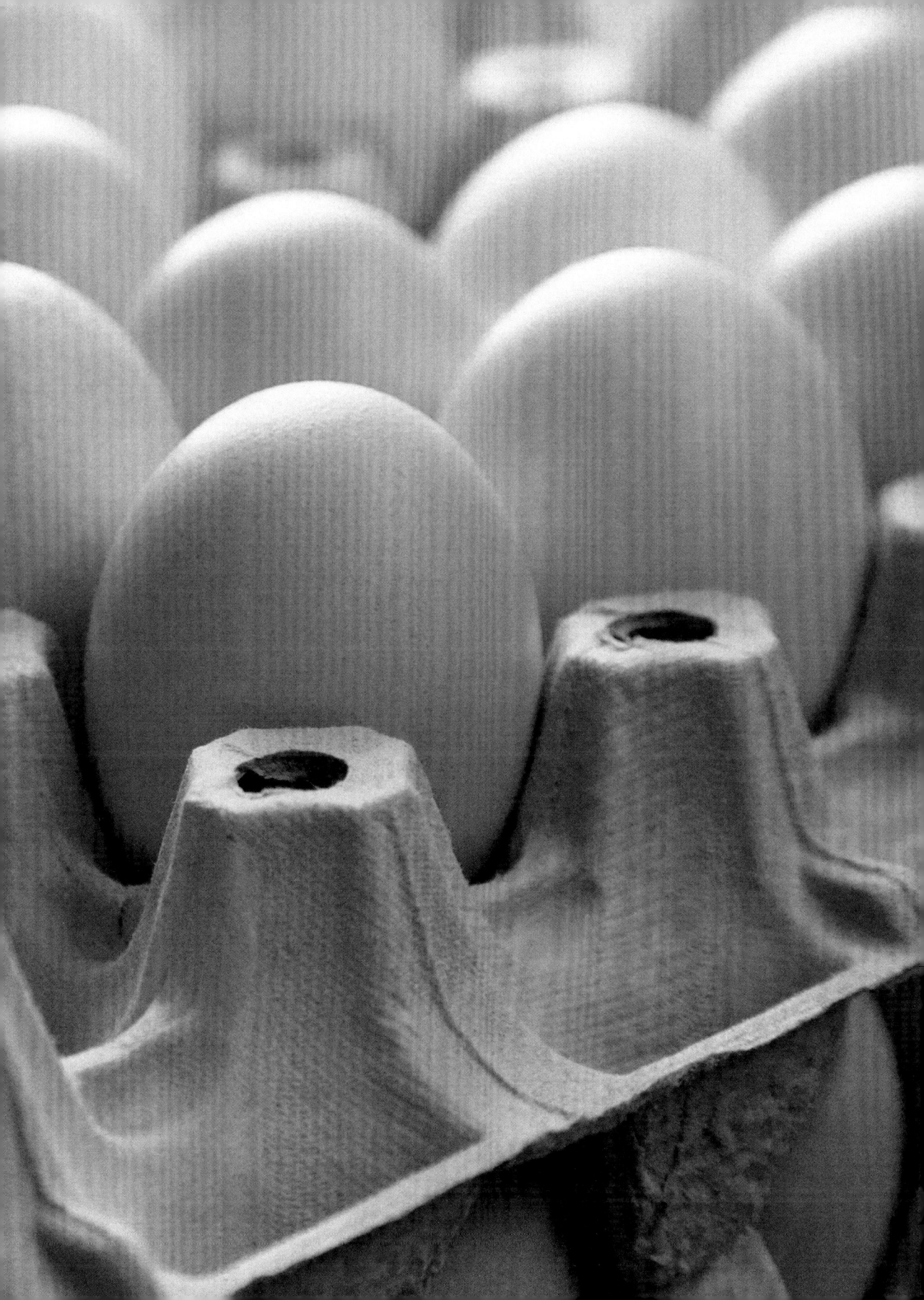

ZUBEREITUNG

Die Schokoladen und die Butter in einer Schüssel über einem warmen Wasserbad langsam schmelzen. Auf zwei Dinge ist zu achten: Die Schokolade darf dabei nicht zu heiß werden, und die Schüssel muss ganz trocken sein, zudem darf während des Schmelzens kein Wasser in die Schokoladen-Butter-Mischung gelangen.

Während die Schokolade schmilzt, trennen Sie die Eier. Schlagen Sie das Eiweiß steif. In einer zweiten Schüssel den Zucker und die Eigelbe so lange schlagen, bis sich der Zucker ganz aufgelöst hat und die Masse hellgelb geworden ist. Anschließend das Mehl zugeben und einarbeiten.

Die inzwischen geschmolzenen Schokoladen mit der Butter zugeben und alles mit dem Handmixer bei mittlerer Drehzahl vermengen. Unter diese kompakte Masse wird dann der Eischnee gehoben, sodass eine fluffige Creme entsteht. Alles in die Springform füllen und gleichmäßig verteilen. Im auf 190°C (Umluft) vorgeheizten Backofen wird die Tarte 20–21 Minuten gebacken. Sie ist fertig, wenn die Kruste an der Oberfläche beim Anfassen ganz leicht nachzittert, wie festes Gelée.

ZUBEREITUNGSZEIT

20 Minuten plus etwa 20 Minuten Backzeit

ZUTATEN FÜR EINE SPRINGFORM MIT 28 CM DURCHMESSER

200 g	Bitterschokolade (72 % Kakaoanteil), geraspelt
100 g	Milchschokolade, geraspelt
200 g	Süßrahmbutter
5	Bio-Eier
180 g	Zucker
2 EL	Mehl

VORBEMERKUNG

Diese Tarte gibt es in unserem Lokal, der Vinoteca Marcipane in Münsing am Starnberger See, jeden Tag. Für manche unserer Gäste ist sie der Hauptgrund für ihren Besuch bei uns. Seien Sie gewarnt: Jedes Stück birgt ein massives Suchtpotential!
Das Rezept stammt von unserer lieben Freundin Claudia aus Ammerland. Danke!

Wenn Sie die Tarte in der Form und noch warm komplett in Alufolie einschlagen, hält sie sich 3–4 Tage (sofern Sie das aushalten).
Nach dem Auskühlen sollte sie kühl stehen, vor dem Servieren aber Zimmertemperatur haben. Sie können sie aber auch ganz frisch, das heißt lauwarm genießen.

TIPP

Am besten geeignet für dieses Rezept ist eine beschichtete Springform mit schnittfestem Boden. Wenn Sie eine normale Springform verwenden, sollten Sie diese sorgfältig ausbuttern oder den Boden mit Backpapier auslegen.

NACHSPEISE
SCHOKOLADENTARTE MARCIPANE

ZUTATEN FÜR EINE SPRINGFORM MIT 28 CM DURCHMESSER

200 g	Mehl
100 g	Butter, weich (Zimmertemperatur)
1 Prise	Salz
etwas	Milch
6	Bio-Eier, getrennt
4	Bio-Zitronen
200 g	Zucker
200 g	Butter, geschmolzen
150 g	Crème fraîche
3 EL	Lemon-Curd

ZUBEREITUNGSZEIT
25 Minuten plus 35 Minuten Backzeit

NACHSPEISE
ZITRONENTARTE

ZUBEREITUNG
Das Mehl, die weiche Butter und eine Prise Salz
mit einem Schuss Milch zu einem glatten Teig
verkneten, zu einer Kugel formen und in Folie
eingeschlagen 1 Stunde im Kühlschrank kalt
stellen.

Danach die Springform dünn damit auslegen
und einen kleinen Rand von etwa 3 cm ausfor-
men. Mit einer Gabel den Boden gleichmäßig
einstechen, damit er sich beim Backen nicht
wölbt. Etwa 7 Minuten im auf 180 °C (Umluft)
vorgeheizten Backofen vorbacken.

In dieser Zeit die Eiweiße steif schlagen. Die
Schale von den Zitronen abreiben, die Zitronen
auspressen.

In einer zweiten Schüssel den Zucker und die
Eigelbe so lange schlagen, bis sich der Zucker
ganz aufgelöst hat und die Masse hellgelb
geworden ist. Anschließend die Zitronen-
schale, den Saft, die geschmolzene Butter, die
Crème fraîche und das Lemon-Curd zugeben
und alles zu einer homogenen Masse verrühren. Zum Schluss den Eischnee unterziehen.
Alles in die Springform füllen und gleichmäßig
verteilen. Im auf 180 °C (Umluft) vorgeheizten
Backofen wird die Tarte 35 Minuten gebacken.

TIPP

Am besten nehmen Sie eine beschichtete Springform mit schnittfestem Boden. Eine normale Springform muss sorgfältig ausgebuttert oder der Boden mit Backpapier ausgelegt werden. Die Tarte schmeckt noch besser, wenn Sie sie einen Tag an einem kühlen Ort durchziehen lassen.

(37)
HIER KOMMT CURD

— „Diese Tarte ist ein Tort", rief der König und wedelte mit seiner Serviette. „Grässlich! Hebe Er sie hinfort. Bringe Er mir zum Trost eine Gewürzgurke, und zwar zack, zack." So oder ähnlich reagierten Potentaten in früheren Zeiten, wenn ihnen das Dessert zu süß war.

Dies ist in der Tat ein kleines Problem. Der Nachtisch soll schon punkten, darf aber seinen Adressaten nicht gleich umbringen. Als Negativbeispiel darf hier die sogenannte Grillagetorte genannt werden, eine halbgefrorene Spezialität vom Niederrhein, die aus mehreren Baiser-Böden sowie dazwischen aus Sahne und Schokolade besteht. Eine Herausforderung, die selbst hartgesottene Naschkatzen nur unter Zuhilfenahme von sehr viel Aquavit meistern. So etwas ist aber inzwischen out und wird nur noch selten serviert, außer in Gesellschaften, in denen man sich noch an die kriegsbedingte Knappheit von Sahne, Schokolade, Eiweiß und Zucker erinnern kann und deswegen meint, etwas aufholen zu müssen.

Überall sonst erfreut man sich an Rezepten wie jenem hier: nicht zu süß und auf jeden Fall so raffiniert, dass man sich nicht mehr über Krisen unterhalten möchte.

Bei Corbinians Zitronentarte sorgt insbesondere eine Zutat für Gesprächsstoff: Lemon-Curd, den Sie im Fachhandel bekommen. Das könnte zur Info reichen, aber natürlich geben wir uns nicht damit zufrieden, Ihnen vorzuschreiben, dass Sie diesen Zitronen-Curd besorgen sollen, wir reichen auch gerne nach, worum es sich dabei handelt.

Lemon-Curd ist eine in Großbritannien und Nordamerika recht populäre Zitronenspeise, die aus vielen Eiern, viel Butter, viel Zucker und vielen Zitronen in den Darreichungsvarianten Saft und Schale hergestellt wird. Briten schmieren sich den Curd auf den Toast oder verstecken ihn in einem Mürbeteigmantel, was beim Hineinbeißen jedes Mal für ein großes Hallo sorgt. Gut, zugegeben, so ganz federleicht ist der Lemon-Curd auch nicht. Aber immerhin: nicht so süß wie Grillagetorte.

WAS WÜRDEN WIR NUR
OHNE ZITRONEN ANFANGEN?
DAS LEBEN WÄRE ZIEMLICH
UNSAUER OHNE SIE, UND DAS
BEDEUTET ÜBERSETZT:
ÖDE, LANGWEILIG, OHNE JEDE
SÄUERLICHE SPANNUNG.

CAAE
ANDALUCÍA ECOLÓGICA

LIMON

CAT. I GRANEL 6Kg

ORIGEN: ESPAÑA

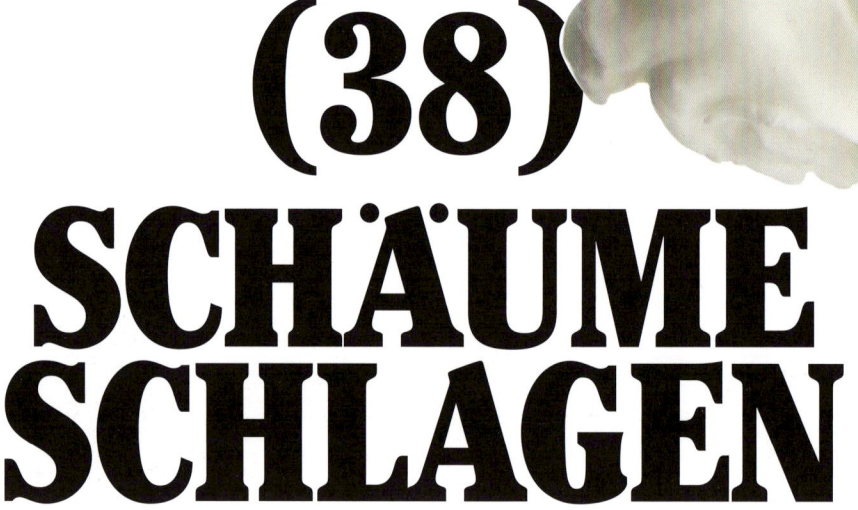

(38)
SCHÄUME SCHLAGEN

— Corbinian steht in der Küche und schlägt Eiweiß in einer Schüssel. Davor habe ich großen Respekt. Man denkt immer, rühren sei so ziemlich die schnödeste Tätigkeit, die man in der Küche überhaupt verrichten könne. Rühren kann jeder, glaubt man. Aber wenn man einen guten Koch dabei sieht, wie er Eiweiß zu einem sagenhaften steifen Schaumberg schlägt, ändert man seine Meinung. Klackklack-klack, Corbinian, der menschliche Rührbesen. Im Grunde ist das: Jazz! Es klingt so, es sieht so aus, es schmeckt nur viel besser.

Den Schaum wird er später unterheben. Oder unterziehen. Leuchtende Begriffe sind das. Da bekommt sein Beruf etwas latent Bautechnisches, denn dieses Vokabular erinnert von ferne an Tätigkeiten, die mit Beton oder anderen Stabilitätsgaranten zu tun haben. Ein guter Koch ist also auch Polier.

In einem letzten Arbeitsschritt wird die Sache auf dem Teller angerichtet. Corbinians Rührhände verwandeln sich nun in die Finger eines mit äußerster Präzision arbeitenden Fachmanns, der ein winziges Modell errichtet. Dabei kommt es auf Fingerspitzengefühl an. So eine scheinbar mühelos arrangierte Kostbarkeit kann nämlich leicht kippen, brechen, auseinanderfallen, und dann muss man sie wegwerfen. Die Statik ist wichtig. Also kommt der Beruf des Architekten hinzu.

„Wie kommst du nur mit diesem Stress klar?", frage ich Corbinian, während ich seine Mousse löffele und dazu unseren feinen Espresso trinke. Winzige Schlückchen, herrlich.

„Was für'n Stress?" Er kostet ebenfalls und scheint zufrieden mit seinem Werk.

„Na, diese Mehrfachbelastung als Koch, Jazzmusiker, Polier und Architekt?"

„Du hast Astronaut und Wanderprediger vergessen."

„Du nimmst mich nicht ernst."

„Du mich auch nicht."

Ich erkläre es ihm. Er ist weder geschmeichelt, noch scheint er sich wohl mit dieser Beschreibung seiner vielfachen Verwendbarkeit zu fühlen.

„Ist ja kein Wunder, dass es dir so vorkommt, dass ich viele Berufe habe. Immerhin muss ich hier alles alleine machen. Und der Schreiber sitzt bloß rum und macht sich Notizen, der feine Herr", grantelt Corbinian in bester Corbinian-Art.

Gut, ich habe nun einmal nur EINEN Beruf, der mich vollkommen auslastet. Das glaubt er mir aber nicht. Für ihn geht Schreiben so: Man setzt sich an den Computer, tippt irgendwas, druckt es aus, und fertig ist die Laube. Das ist für ihn keine Arbeit, sondern maximal ein Hobby. Er teilt mich daher zum Schaumschlagen ein, da ich ohnehin seiner Ansicht nach den ganzen Tag nix anderes mache.

Morgen fange ich also als Jazzer an, mit Schürze und allem Drum und Dran.

ZUTATEN FÜR 4–6 PERSONEN

30 g   Butter
230 g   Bitterschokolade
          (ca. 52 % Kakaoanteil), geraspelt
70 g   Bitterschokolade
          (ca. 72 % Kakaoanteil), geraspelt
5   Bio-Eiweiß
50 g   Puderzucker
100 g   Sahne
2   Bio-Eigelb
2 EL   Kakaopulver, ungesüßt

ZUBEREITUNGSZEIT
45 Minuten

NACHSPEISE

MOUSSE AU CHOCOLAT GRAND CRU

VORBEMERKUNG
Dieses Rezept hat gleich zwei Vorteile: Erstens ist es wirklich einfach, und zweitens ist diese Mousse wegen des hohen Kakaoanteiles in der Schokolade nicht so süß.
Apropos Schokolade: Es gibt in guten Fachgeschäften inzwischen sortenreine Schokoladen, die aus nur einer bestimmten Kakaosorte (z. B. Criollo oder Arriba) eines genau definierten Anbaugebietes gewonnen werden. Probieren Sie einmal zwei verschiedene Sorten im Vergleich. Sie werden teilweise verblüffende Geschmacksunterschiede erleben. Für dieses Rezept verwende ich eine Grand Cru Criollo aus Mittelamerika.

ZUBEREITUNG

Butter und Schokolade im warmen Wasserbad (nicht über 40°C) langsam schmelzen lassen. Die Schüssel sollte vollkommen trocken sein, und es darf kein Wasser hineingelangen.

Die Eiweiße steif schlagen und nach und nach den Puderzucker einarbeiten.

Die Sahne in einem Topf kurz aufkochen und sorgfältig in die Schokoladen-Butter-Mischung einrühren. Achten Sie darauf, dass sich alles gut mischt und eine gleichmäßige Farbe (also keine Butter- oder Schokoladenschlieren) bekommt. In diese Masse werden dann die Eigelbe eingerührt, anschließend der Eischnee behutsam untergehoben. Vorsicht, nicht stark rühren, sonst verliert die Mousse an Luftigkeit!

Die fertige Masse in kleine Schälchen oder Förmchen füllen und im Kühlschrank mindestens 4 Stunden fest werden lassen. Vor dem Servieren mit dem Kakaopulver durch ein kleines Sieb bestäuben.

DER ABSCHLIESSENDE VERZEHR VON
PRALINEN VERLEIHT DEM MENÜ ZUM ENDE HIN
NOCH EINMAL EINEN GLAMOURÖSEN
HÖHEPUNKT. WAS WIRD DRIN SEIN? WIE GUT
PASST DIESE ODER JENE ZUM DIGESTIF?
SOLLTE MAN NICHT NOCH EINE RUNDE BESTELLEN?
ALLES FRAGEN, DIE WIR GERNE HÖREN.

(39)
BAYERISCHER QUARK

— Es ist so eine bayerische Eigenart, den eigenen Dialekt quasi zum Maßstab zu machen. Rotkohl heißt in Bayern zum Beispiel Blaukraut, und die Bayern bestehen darauf. Wenn man zu seiner Gans Rotkohl bestellt, wird man nicht mehr bedient und im Fichtelgebirge sogar geteert und gefedert aus dem Dorf gejagt. Allen Bemühungen des in der Außenwahrnehmung immer noch traditionell, ja geradezu folkloristisch auftretenden bayerischen Völkchens, irgendwie modern und Neuem aufgeschlossen zu wirken, wird auf diese Weise Hohn gesprochen. Weitere Beispiele? Gerne. Als ich nach München zog, bekam ich am dritten Tag Lust auf Frikadellen, die man hier Fleischpflanzerl nennt. Dafür benötigte ich ein altbackenes Brötchen. Ich betrat eine Bäckerei und sprach:

„Guten Tag, ich hätte gern ein altes Brötchen."

Für einen rheinischen Bäcker ist das kein schwerer Auftrag. So etwas liegt immer noch vom Vortag herum, weil man es für allerhand Rezepte brauchen kann. Ich fand an der Bestellung nichts Ehrenrühriges. Die Verkäuferin antwortete beleidigt:

„Hamma net."

„Sie haben keine Brötchen?"

„Mir ham bloß Semmen."

„Aha, dann hätte ich gerne eine alte Semmel. Bitte."

„Mir ham bloß frische Semmen."

„Gut, dann nehme ich eben eine frische Semmel."

„Die san aus."

Corbinian ist auch so einer. Seine Lehr- und Wanderjahre hat er überall in Deutschland verbracht. Er arbeitete unter anderem auf Sylt, weiter weg geht's ja gar nicht. Dort fehlte ihm einmal das Geld für die Überfahrt vom Festland zur Insel. Da hat er einfach irgendwo geklingelt und die Leute um fünf Euro angehauen. Dafür wollte er ihnen das Bayernlied vorsingen. Das fanden die Menschen exotisch und willigten ein, worauf Corbinian das Lied der Bayern sang, wenn auch nur den Anfang, weil ihm der Rest nicht einfiel. Dennoch weiß er mit seiner Herkunft zu punkten und legt auch gerne die Krachlederne an, wenn's im Dorf was zu feiern gibt.

Genau dieser Corbinian warf heute Mittag mit einer Kelle nach mir. Und das alles nur, weil ich gewagt habe zu sagen:

„Ich nehme dann noch die Quarkklößchen."

„Das sind Knödel. Und zwar aus Topfen!"

„Is' doch dasselbe."

Ist es auch, man darf es bloß nie sagen. Bayern können einfach die Wahrheit nicht ertragen.

ZUTATEN FÜR 4 PERSONEN

350 g Topfen (Quark) mit 40 % Fett,
        gut abgetropft
25 g   Butter
30 g   Puderzucker
Schale einer Bio-Orange, fein gerieben
1   Bio-Ei
Grieß (20–30 g)
100 g   Weißbrotbrösel
10   Löffelbiskuit, gerieben
1 Glas Sauerkirschen, gut abgetropft
Je 1 EL Salz und Zucker
        für das Kochwasser

ZUBEREITUNGSZEIT
45 Minuten

ZUBEREITUNG
Alle Zutaten, bis auf die Löffelbiskuits und die
Kirschen, gut miteinander verrühren und mindestens 2 Stunden im Kühlschrank ruhen lassen. Wasser in einem großen Topf zum Kochen
bringen, etwas Salz und Zucker zugeben.
Anschließend kleine Knödel (die Menge ergibt
ca. 14–16 Knödel) formen und in leicht gesalzenem und gezuckertem Wasser etwa 15 Minuten köcheln lassen. Mit einem Schaumlöffel herausnehmen und in dem geriebenen Löffelbiskuit wälzen. Mit den Sauerkirschen sofort
servieren.

NACHSPEISE

TOPFENKNÖDEL MIT SAUERKIRSCHEN

ZUTATEN FÜR 4 PERSONEN
500 g reife Erdbeeren
1 EL Zucker
1|4 l Sahne
1 TL Vanillezucker
etwas Whisky
schwarzer Pfeffer aus der Mühle,
        grob geschrotet

ZUBEREITUNGSZEIT
20 Minuten

NACHSPEISE

GEPFEFFERTE ERDBEEREN MIT WHISKYSAHNE

VORBEMERKUNG
Das ist ein Nachtisch, der nur in der Zeit richtig
gut schmeckt, in der es wirklich reife, saftige
Erdbeeren gibt. Von Erdbeeren zu Weihnach-
ten halte ich gar nichts.

ZUBEREITUNG
Die Erdbeeren waschen und entstielen und in
einer Schüssel mit dem Zucker überstreut kühl
stellen. Die Sahne mit dem Vanillezucker steif
schlagen und am Schluss einen Spritzer (oder
auch zwei) Whisky zugeben. Den inzwischen
in der Schüssel angesammelten Saft abgießen,
die Erdbeeren kräftig pfeffern und umrühren.
Auf Tellern anrichten und mit der Whiskysahne
garnieren.

(40)
O DOLORES!

— Wenn die Stimmung auf dem Siedepunkt angelangt ist, wenn die Gäste so richtig durchdrehen und das gastgebende Pärchen dem Essen nun noch das diamantbesetzte Krönchen aufsetzen will, dann sollte es dieses Dessert servieren. Unbedingt. Denn danach wird gesungen, ganz sicher. Und dafür kann es nur einen einzigen Titel geben: „Karamba, Karacho, ein Whisky".

Da wir davon ausgehen, dass Sie bei diesem volltrunkenen Schlagerklassiker nicht so recht textfest sind, hier als besonderer Service der korrekte Wortlaut:

In Rio de Janeiro,
in einer klitzekleinen Hafenbar,
saß ein braun gebrannter Gaucho
mit schwarzbraunem Haar.
Und um Dolores zu vergessen,
die seine Liebste war gewesen,
sprach er zu Don Filippo,
dem alten Spelunkenwirt:

Karamba, Karacho, ein Whisky!
Karamba, Karacho, ein Gin!
Verflucht, Sakramento, Dolores,
und alles ist wieder hin! (Hey, hey!)

In Rio de Janeiro,
in einer klitzekleinen Hafenbar,
saß ein braun gebrannter Gaucho
mit schwarzbraunem Haar.
Und er sprach: Amigo mio,
sie war die schönste Frau in Rio!
Da lachte Don Filippo,
der alte Spelunkenwirt (Hey, hey!):

Karamba, Karacho, ein Whisky!
Karamba, Karacho, ein Gin!
Verflucht, Sakramento, Dolores,
und alles ist wieder hin! Olé!

Die Melodie ist eigentlich nicht so wichtig. Hauptsache laut. Und vergessen Sie zwischendurch die Erdbeeren nicht.

WIR HABEN EINE SEHR
SCHÖNE UND VOR
ALLEM GUTE MASCHINE
ANGESCHAFFT.

WIR HABEN
EINEN BESONDERS FEINEN
KAFFEE EINGEKAUFT.

WIR SCHÄUMEN NUR
BIOMILCH AUF
UND SERVIEREN ALLES
ZUSAMMEN IN
VORGEWÄRMTEN DICKEN
TÄSSCHEN.

WIR KONTROLLIEREN
STÄNDIG DEN DRUCK
AUF DER MASCHINE
UND DIE QUALITÄT DES
WASSERS.

WARUM DIE MÜHE?
WEIL UNS GUTER KAFFEE
FREUDE MACHT.

UND DAS SOLL MAN
SCHMECKEN.

(41)
KÄSE UND SCHLUSS

— Die besten Nächte enden nie. Jedenfalls kann man sich nicht mehr daran erinnern, wie spät es geworden ist. Man hat überhaupt nicht auf die Uhr gesehen. Was immerhin ziemlich sicher ist: Es hat an diesen Abenden noch Käse gegeben. Das war nach dem Dessert und bevor irgendeiner angefangen hat mit dieser lustigen Geschichte von dem Auto auf Zypern und der Marmelade im Koffer und dem Zollbeamten.

Jedenfalls kam zwischendurch der Käse, und der war wunderbar, und kaum, dass man den ersten Bissen im Mund hatte, bekam man Lust zu plappern und noch eine Flasche zu öffnen, und das ist dann auch passiert. Es war ein großartiger Wein, noch besser als der davor und nicht ganz so gut wie der nächste, der sein Leben ließ, als vom Käse schon nur noch Krümel übrig waren. Der Rest vom Feigensenf war ein bisschen angetrocknet, und die Oliven hinterließen eine kleine salzige Pfütze, das Brot war alle, aber keiner wollte ins Bett, weil es so ein magischer, so ein wundervoller Abend war.

Der war schon von Anfang an gut, schon bei der Begrüßung. Obwohl sich nicht alle kannten, entstand sofort eine warme und fröhliche Stimmung. Der Tisch war so schön gedeckt, nicht übertrieben, aber auch nicht ganz sorglos. Genau passend. Das Essen schmeckte fantastisch, und wir waren satt, ohne vollgefressen in den Seilen zu hängen. Und dann eben noch der Käse. Eine perfekte Nacht war das. Nicht einmal einen Kater habe ich. Das ist mir fast schon unheimlich…

ZUTATEN FÜR 4 PERSONEN

80 g	geaschter Ziegenkäse
80 g	Camembert
80 g	alter Gouda oder 80 g Parmesan
80 g	würziger Bergkäse
80 g	Roquefort

WEINEMPFEHLUNG
Süßwein
(z. B. Symphonie Trockenbeerenauslese)

NACHSPEISE
KÄSEAUSWAHL

VORBEMERKUNG

Achten Sie beim Käsekauf (wie bei allen Lebensmitteleinkäufen) auf Qualität. Also keine eingeschweißten Billigangebote aus dem Kühlregal nehmen! Die schmecken alle mehr oder weniger gleich. Und servieren Sie den Käse nicht kühlschrankkalt, sondern lassen Sie ihn annähernd auf Zimmertemperatur kommen.

So entfalten sich die unterschiedlichen Geschmacksrichtungen viel besser, und der Käse bekommt mehr Schmelz. Obige Auswahl ist natürlich nicht zwingend. Sie sollten bei der Zusammenstellung aber darauf achten, dass unterschiedliche Reifungsarten vertreten sind und auch mindestens ein Schaf- und/oder Ziegenkäse dabei ist.

ZUBEREITUNG

Die Käse in unterschiedlicher Weise vom Stück schneiden (also nicht alle in Streifen oder gleichmäßige Ecken) und auf dem Teller verteilen. Dazu schmecken wunderbar ein paar kleine, milde dunkle Oliven und ein kräftiger Klecks Feigensenf. Zu den würzigen Hartkäsen passt auch hervorragend ein alter Aceto Balsamico, der schon fast sirupartige Konsistenz haben sollte.

ZUBEREITUNGSZEIT
5 Minuten

MENÜ
VORSCHLÄGE

MENÜVORSCHLÄGE
AUS DEM MARCIPANE

MENÜ 1

MENÜ 2

MENÜ 3

MENÜ 4

MENÜ 5

EIN BESONDERER SERVICE VON UNS FÜR SIE: MENÜVORSCHLÄGE. DANN MÜSSEN SIE SICH NICHT MÜHSAM SELBER ZUSAMMENSTELLEN, WAS AM BESTEN PASST. WIR WÜNSCHEN GUTES GELINGEN UND VIEL SPASS BEIM KOCHEN – UND BEIM ESSEN.

REGISTER

SÄMTLICHE
GERICHTE AUS DIESEM
BUCH WURDEN
UND WERDEN DANN
UND WANN IN DER
VINOTECA MARCIPANE
ZUBEREITET UND
SERVIERT.

RIND 154
RISOTTO
- Loup de Mer gebraten in Tomatenbutter mit
  Salbei-Olivenrisotto 100
- Rote-Bete-Risotto mit gebratenen Jakobsmuscheln
  und Kräutercreme 122
ROTE BETE
- Lauwarmer Ziegenkäse mit Roter Bete und
  Ingwervinaigrette 56
- Rote-Bete-Risotto mit gebratenen Jakobsmuscheln
  und Kräutercreme 122
- Rote-Bete-Suppe 66
ROTWEINSAUCE 154
RUCOLA
- Crostini mit Pfirsich, Alice, Pinienkernen
  und Rucola 24
- Warmer Krakensalat mit Kapern, Peperoncini,
  getrockneten Tomaten, Rucola und Cashewkernen 34
SALAT
- Feldsalat mit gebratener Entenbrust, Sonnen-
  blumenkernen, Thymiancroutons und Orange 32
- Gemischter Salat mit Tomaten, Oliven, Avocado
  und Cashews 20
- Spinat mit Nektarine, Oliven und Mozzarella 46
- Warmer Krakensalat mit Kapern, Peperoncini,
  getrockneten Tomaten, Rucola und Cashewkernen 34
SALATSAUCEN 60
SALBEI
- Lotte gebraten in Salbeibutter mit Rosinen,
  Mandeln und Olivenpolenta 136
- Loup de Mer gebraten in Tomatenbutter mit
  Salbei-Olivenrisotto 100
SAUERKIRSCHEN 224
SCHOKOLADE
- Mousse au Chocolat Grand Cru 218
- Schokoladensoufflé 200
- Schokoladentarte Marcipane 210
SELLERIE 110
SEEFORELLE 96
SEETEUFEL (LOTTE) 136
SPECK
- Zander mit Selleriepüree, Kürbis, Apfel
  und Speck 110
SPINAT 46
SUPPE
- Kalte Rauchfischsuppe mit Knoblauchcroutons
  und Gurke 82
- Karotten-Ingwer-Suppe 68
- Maronen-Rosmarincemesuppe 76
- Rauchaal-Suppe mit geröstetem Brot und
  Meerrettichcreme 88
- Rote-Bete-Suppe 66
TOMATEN
- Dorade mit Brokkolipüree, Tomaten und
  Limettensauce 132
- Gemischter Salat mit Tomaten, Oliven, Avocado
  und Cashews 20
- Kalbsbacke geschmort mit Kartoffeln, Tomaten,
  Karotten und Erbsen 184
- Lachs mit Blumenkohlpüree, Basilikum-Cashew-
  Pesto und Tomaten 126
TOMATEN, GETROCKNETE 34
TOPFENKNÖDEL 224
TRÜFFEL
- Lammschulter geschmort mit Trüffelpolenta und
  Backapfel 176
- Rehrücken gebraten mit getrüffeltem Kartoffel-
  püree und Apfel-Preiselbeer-Kompott 158

TRÜFFELHONIG
- Crostini mit gratiniertem Ziegenkäse und
  Trüffelhonig 48
WALNÜSSE 96
WHISKYSAHNE 226
WIRSING 96
ZANDER 110
ZIEGENKÄSE
- Crostini mit gratiniertem Ziegenkäse und
  Trüffelhonig 48
- Käseauswahl 232
- Lauwarmer Ziegenkäse mit Roter Bete und
  Ingwervinaigrette 56
ZITRONENTARTE 212
ZWETSCHGENSAUCE 164

DIE TEXTE ZU DIESEM BUCH WURDEN EBENFALLS IN DER VINOTECA MARCIPANE AUSGEDACHT UND ZUBEREITET. ZUM GLÜCK BRAUCHT MAN DAFÜR KEINE PFANNE.

IMPRESSUM

BILDNACHWEIS

TITELILLUSTRATIONEN
SYLVIA NEUNER
WWW.SYLVIANEUNER.DE

ALLE FOTOS
BARBARA BONISOLLI
WWW.BONISOLLI.DE

FOTOASSISTENZ
ANJA PRESTEL

FOODSTYLING
HANS GERLACH
WWW.FOOD-UND-TEXT.DE

UMSCHLAGGESTALTUNG UND INNENLAYOUT
ANZINGER | WÜSCHNER | RASP
WWW.AGENTUR-AWR.DE

REPRO
LUDWIG, ZELL AM SEE

DRUCK UND BINDUNG
FIRMENGRUPPE APPL

VINOTECA MARCIPANE
BACHSTRASSE 1A, 82541 MÜNSING
TEL. 08177-929687
WWW.VINOTECA-MARCIPANE.DE

©2009

**GRÄFE UND UNZER VERLAG GMBH
MÜNCHEN**

ALLE RECHTE VORBEHALTEN
ISBN 978-3-8338-1396-2

Die im Buch veröffentlichten Ratschläge wurden
mit größter Sorgfalt erarbeitet und geprüft. Eine
Garantie kann jedoch nicht übernommen werden.
Ebenso wird eine Haftung für Personen-, Sach-
oder Vermögensschäden ausgeschlossen.

2. AUFLAGE 2009

WWW.GRAEFEUNDUNZER-VERLAG.DE

GRÄFE
UND
UNZER

Ein Unternehmen der
GANSKE VERLAGSGRUPPE